2016年夏、全国のゲームセンターに登場！
Barbie Your Doll でプリ撮ってみた ♥

© 2016 Mattel. All Rights Reserved.

Produced by MAKESOFT

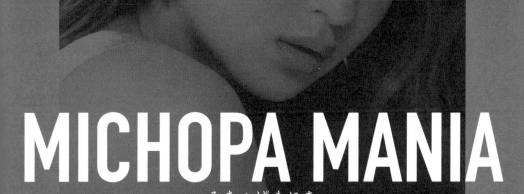

MICHOPA MANIA

みちょぱまにあ

池田美優

みんなーっっ!!
元気かぁ〜?
みちょぱだよ〜♡

うちは ぶれない!!
女眉びない!!
胸もない!!(おいっ)

東京都北区
赤羽育ちの17歳!!

MICHOPA MANIA
CONTENTS

002 ごあいさつ

012 履歴書

027 みちょばスタイルの掟

032 春夏秋冬着回し

050 MICHOPA METHOD 4 FACE

052 スキンケア

068 簡単ヘアアレンジ

070 MICHOPA METHOD 6 NAIL

072 MICHOPA METHOD 7 FREGRANCE

074 MICHOPA METHOD 8 PURI

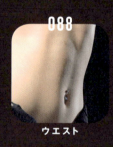
088 ウエスト

090 美脚

092 食生活

094 腸活

100 みちょばってこんなヤツ

102 脳内悪口変換法

104 赤羽やんちゃ物語

112 100の質問

014	015	020	026
MICHOPA METHOD 1		MICHOPA METHOD 2	MICHOPA METHOD 3
GAL	GALになるまで物語	DREAM	FASHION

054	060	064	066
		MICHOPA METHOD 5	
基本メイク全プロセス	カラコン別メイクバリエ	HAIR	みちょぱ巻きプロセス

076	082	084	086
	MICHOPA METHOD 9		
BODY Photo	BODY	生活習慣	姿勢改善

095	096	098	099
		MICHOPA METHOD 10	
骨盤矯正	結論	MIND	人生相談

116	118	119	124
	MICHOPA METHOD 11		
スカッと格言集	LOVE	乙女な恋の物語	ゲッターズさんの占い

みちょぱの履歴書

平成〇年✕月△日現在

氏名	池田美優（いけだ みゆう）
通称	みちょぱ❤

生年月日	1998年10月30日生

出身地	血液型	職業
静岡県	A型	モデル

趣味	特技	資格
YouTubeで芸人さんのネタを見る。映画鑑賞。	うんこの早出し	ダイエット検定2級

年	できごと
0歳	静岡県に生まれる
たぶん2歳	親が離婚し東京へ
たぶん3歳	親が元旦那と再婚し、また静岡へ
たぶん5歳	親がやっぱり離婚し、また東京へ
小学1年	小学校入学　毎日泣いて暮らす
小学2年	金髪の先輩と出会う
小学3年	今のみちょぱの精神ができあがる
小学4年	女王様になって、近所の男たちを支配する
小学5年	ぎゃるに目覚める
小学6年	イツメンができあがる
中学1年	部活がんばる
中学2年	グレてヤンキーになる
中学3年	Popteenに出る
高校1年	Popteenの表紙モデルになる
高校2年	商品プロデュースの仕事が増える
高校3年	念願のスタイルBOOKを発売!!

MICHOPA **1** METHOD

GAL

今どきGALって古くない？とかたまに言われるけど、
ウチ的には、夢カワとかナチュラルにブレる気はまったくない!!
だって、やっぱりGALが最強に可愛いと思うもん!!
どうしてウチがここまでGALにこだわるのか、そのルーツを語ってみたよ。

みちょぱをつくる3つのSTORY 1

GALになるまで物語

昔はなのこっぽい格好も大好きだった

毎日、泣いてばかりの気の弱い子だった。

GALのお姉さんとの衝撃的出会い

ウチがGALに目覚めたのは、小学5年のころ。それまではヤンキーだったからね(笑)。Tシャツにスエットパンツを腰ではいて、いつもダルダルなカンジで歩いてた。おしゃれとは無縁。ヤンキーだからさ、おしゃれとか女のこっぽい格好なんて、チャラついてるカンジがして、むしろ嫌ってたくらい。

そんな小ダサいガキヤンキーが、小5のときにGALと衝撃的な出会いを果たすんだ。相手は、友だちのお姉ちゃんなんだけど、4つ上の超GALの高校生。はじめて見たときに世界が変わったよね。友だちの部屋がそのお姉ちゃんと向かい合わせにあって、廊下とかで会ったんだけど。そのお姉ちゃんが、よくやんちゃな彼氏とか、友だちとか部屋にいっぱい連れてきてて、ゲラゲラ笑ってるんだ。「え？　何この人たち、なんか楽しそう」って思ったのがいちばんの印象。そんで、すごくいい匂いするし、ちょっと黒肌で化粧も濃くて白いラメとか入れてるし、超可愛いネイルもしてるし、目が超デカイしって!!　みちょぱ少女はヤラれたワケです。見た目が可愛いっていうのはもちろんだけど、ノリがとにかく楽しそうで、純粋にウチもああなりたい!!って思ったんだ。そのお姉ちゃんがいないときに、友だちとこっそり部屋に入ったりして、そこで「egg」を見つけて「こんな世界があるんだ!!」ってさらに衝撃を受けて、ソッコー自分でも買いに行ったの覚えてる。それからというものウチのGAL研究の日々が始まるんだ。

幼いころは、とにかく指しゃぶりばっかりしてる、泣き虫な甘えん坊。

目を太いラインで囲みまくった:マン•メイク。DSでいつも撮ってた(笑)。

メイク始めた小学5年。上つけまを下につけてるの!!　怖すぎるね!!

小学6年の卒業式。メイクをしなきゃ、普通の小学生でしょ♪

GALメイクの猛特訓!!

　はじめは、GAL服を買うのにはお金もかかるってことで、メイクから入ったんだ。ママからいらない化粧品をもらって試してみたんだけど、ぜんぜんGALには近づけないの。ママのコスメは大人ブランドだし、リップとかシャドーとかも落ち着いた色ばっかだったし、なんつってもつけまがなかった。そしたら、友だちのお姉ちゃんが「あげるよ」ってプリクラのおまけのつけまをくれたの。つけまを手にした瞬間「わぁ、本物のつけまだ!!」って、軽く感動したよね。それからは、家で何度も何度もつけまをつける練習をしてた。

　当時のウチのお小遣いは、月3000円くらいだったんだけど、遊び行ったりGAL誌買ったり、100円ショップのコスメを買いあさってたら、ソッコー小遣いはなくなっちゃうワケ。でも、もっとコスメを買いたい!!ってなって、ママのお手伝いをして、コスメ代を稼いでた。洗い物したら50円とか、お米といだら50円とか、2回お手伝いしたら100円ショップのコスメが買える!!ってね。それで、とにかく家で化粧しては落として、化粧しては落としての繰り返しで黙々と1人で練習してた(笑)。

　今までで、放課後はいつも公園でつるんでたのに、いきなり家にこもるようになったから、友だちも「何してんの?」って気にしだして。それで、ウチのGALメイク部に1人仲間が増えた。学校から帰ると、毎日、友だちの家でメイクの練習して、完成したら「盛れたね」とか言ってDSで撮り合うの。当時は、eggのかなこチャンに憧れてて、めっちゃマンバみたいなメイクをしてたんだけど、そのメイクのまま徒歩2〜3分の距離をデカいサングラスして帰ってた。さすがに、知り合いのオバさんとかには会いたくないなって(笑)。でも、当時はぶっといラインで囲み目してるのにカラコンはしてなかったから、超キモい顔だったけどね。

見た目はGAL。
心はヤンキーだった

メイクのおかげで、だれにも負ける気がしなかった

　さすがに、地元だとそんなGALの小学生なんていないし、浮きまくってたから、いつも自転車で学区外のゲーセンに行ってたんだ。そこに集まる女たちに「こっち見んなよ!!」みたいなカンジでガン飛ばして、だれよりも勝った気になってた。GALメイクで、同じ学校のコとは会いたくなかったけど、他校のコにはなめ

中1でカラコンデビュー。
部活をやめてグレ始めた
ころ。

渋谷に行き始めたころ。
着ぐるみ着て、プリ撮る
のが流行ってたんだよね。

中学2年の運動会。学
校サボってたけど、こう
いう行事は参加してた。

このころは、本当に眉毛
がない。1回、全ソリし
たこともあるからね(笑)。

られたくないっていうのがあったから。そこは、やっぱヤンキーの血が流れてんだよね。中学1年の終わりにカラコンデビューしたときは、はじめてつけましたとき以上の衝撃だった。こんなに、カラコンで盛れるんだって。つけたら最後、一生カラコンなしじゃ生きられないってね。それからは、渋谷109とかSBYとかにも通いだすんだけど、中2になると、またヤンキー仲間とつるみだして、GAL活動はおろそかだったかな。

中3でギャルサーの総代表に!!

中3になって、渋谷のサークルに入ってる地元の先輩から「オレの妹分サークルをつくってオマエが総代表やれよ」って連絡がきて。それで、ブログやミクシーで、都内に住んでる同い年のGALたちに声をかけまくって、渋谷にラストJCだけの「美舞羽凛（ひまわり）」っていうギャルサーをつくったんだ。だけど、これがまー大変だった。GALが10人も集まると、みんな言いたいこと言いまくって反抗しまくりだし。「まとまんねーな、これ」って(笑)。今、思うと本当によくやってたなって思う。とりあえず学校行って、終わったらソッコー家まで帰って化粧して、そんで渋谷まで行ってミーティングして。また地元に帰ってメイク落として寝て、朝から学校行っての繰り返しだった。週5、6日は渋谷にいたね。でも、なんかイケてるこ としてるなって自覚はあった。地元のこたちにはできないことをしてて「今、楽しんでます感」。パリピ自慢系女子みたいになってた、本当に(笑)。でも、そのサークルが、Popteenに出るキッカケをくれたんだよね。ある日、「PopteenでJCのスナップやるから、オマエら行け」って言われたのが始まりだから。

GALの道を絶やすな!!

今、みんな原宿系とかファンシー系ばっかで、GALが少なくなって寂しい。だけど、GALはこうやって何年たっても、絶対ちらほらといるわけで。絶滅することはないと思ってる。どんどん後を継げるコが出てくればまだいける！ ただ、ウチの後がいないんだよ後ろが…。GALはね、見た目で判断されたり「すっぴん見せろ」って言われたり、彼氏もなかなかできなかったりデメリットはある。だけど逆に、第一印象が悪いぶん、じつは礼儀がなってるとか、いいヤツじゃんとかとか、イメージ上げることができんだって!! ただ、髪を染めればGALってもんじゃなくて、「やりたいことをやる!!」ってマインドがGALなんだと思う。ウチ、大人になって多少、メイクが薄くなったとしても、マインドは一生GALだと思うな!!

家出して親友の家に泊まってた中2の夏。GALってよりヤンキーだった。

中2の終わり。甘いのか辛いのか、とにかくメイクに凝ってたころ。

アイロンのしすぎで、髪の毛が茶色になってた。白ラメ＆たれ目時代も。

JCサークルの総代表やってた中3の夏。この後、POPの撮影に呼ばれた。

> みちょぱ的GAL論

髪の毛が明るければとか、
ネイルが長ければとかじゃない。
ルールをつくらない!!
ブレない!!
ガマンしない!!
男ウケも気にしない!!

まわりの目を気にせず
やりたいことをやる。

それが
GAL!!

MICHOPA **2** METHOD

DREAM

モデルの仕事を始めて、つき合う人間関係や
仕事の幅もぐんと広がってきた!!　世界が広がった今、
改めて何をやりたいのか考えてみたよ。案外、ウチって、
かないそうもないデカい夢は抱かない現実的なタイプかもー。

DREAM:1

自分の名前がついた コスメを出す!

いつかは、益若つばさチャンのドーリーウインクみたいに、自分がプロデュースしたコスメのシリーズがドン・キホーテとかにズラーッと並ぶのが夢!! つけまもカラコンも超こだわってつくったから、今度はコスメだぞ、と。だって、小5から8年くらいGALメイクを研究し続けてるからさ、こだわりはあるよ。今、GALが少なくなってきて、このままナチュラルブームが続いたらつまんないじゃん!! やっぱりつけまも濃いのがいいし、カラコンもフチがしっかりしてるのがいい。だから、GAL復活の願いを込めて、濃くてハデなコスメをつくりたいんだ!!

DREAM:2
ネコを飼う。

ネコを飼いたい!!って、ぶっちゃけすぐかなっちゃいそうな夢なんだけど(笑)。もうね、ネコが大好きで、ネコがいっぱいのところに放りこまれたいくらい!! 昔、ママの元カレとウチとアニキの4人で暮らしてたころがあって、そんときにネコを飼ってたんだよね。可愛かったな〜。1人暮らしを始めたら絶対飼うんだ。でも、その肝心の1人暮らしが、まわりに止められてて…。理由は、ウチが朝にめちゃめちゃ弱いから。目覚ましを何個もかけても無理なんだよね。ママがいなきゃ起きられない。だから、まずは1人で起きられるようになるのが目標かな。ネコを飼う夢は近いようで遠い!!

とにかく子どもが欲しいんだよね。よく、子どもいじめてそうって言われるけど、んなことないからっ!! 幼稚園の先生になるのが夢だったくらい超子ども好きなんだから!! 2～3人は欲しいな～。公園で子どもとワチャワチャ遊びたいもん。がんばってそれまでには料理もつくれるようになって、女子力をあげたいな。んで、旦那さんを送り出すとき、行ってらっしゃいのチュウとかして♥ そういう主婦っぽいことはしてみたい。できないかな…。ママもおばあちゃんも、ママの弟もみんな離婚してて、我が家は離婚家系なの。だから、ウチが結婚したら離婚だけはしたくない!! 旦那さんとのラブラブとかはなくてもいいから、一緒にいて楽しければそれ以上は望まないから幸せな家庭を築きたい!!

DREAM:3

25歳までに結婚して子どもを産む！

ババアになっても一生モデルを続ける！

DREAM:4

　ウチはタレントになりたいワケでも、女優になりたいワケでもないし。歌は好きだけど、絶対、売れないだろうし。でも、撮られることは純粋に好きだから。モデルの仕事は、部活も習い事も何も続かなかったウチが唯一、続けられてきたもの。この先もずっと続けられたらなって思う。そもそもは、モデルに憧れはあったけど、本気でやりたいとは思ったことはなかった。だから、Popteenに出始めたときも、ウチだけポージングがめっちゃヘタで、カメラマンさんに注意されて嫌になっちゃったんだよね。それで、撮影もドタキャンしてたら干されるようになって。いつものウチだったらそこで終わり。だけど、干されたことで、ヤバイなって思ったし、このまま終わるのはカッコ悪いなって小さなプライドがうずいたんだ。それからは、毎日、いろんな雑誌を見て研究して、鏡があれば、外だろうが店の試着室だろうが、どこでもポージングの練習してた。それで、だんだんポージングができるようになってきて、はじめて撮られることの楽しさがわかった。そしたら、もうやめられないよね。だから、早くに子どもを産んで、体型を戻してモデルの世界に戻ってきたい!!　ママモデルとしておばさんモデルとして、ずっとこの仕事は続けたいな!!

MICHOPA 3 METHOD

FASHION

ぶっちゃけ、おしゃれに目覚めたのはPOPモデルになってから。
それまでは適当な服ばっか着てたから、「ダサい」って言われてた（笑）。
今は展示会に行ったり、ファッション撮影も多いからね。
コーデ考えるのも楽しめるし、だいぶマシになったと思うよ。

みちょぱスタイルの掟 #01

スタイルがよく見えなきゃ意味ない!

「カッコいい」って思う女の人って、みんな細くてスタイルがいいんだよね! ポイントは、タイトだったりハイウエストだったり、シルエット重視でアイテムを選ぶことだよ。

ボディーコンシャス&
位置高めのウエスト
マークでスタイルUP

オフショルトップス／GYDA
デニムスキニーパンツ／ENVYM
黒パンプス／R&E

シンプルアイテムは健康的な色気を醸してカッコよく着こなす

みちょぱスタイルの掟 #02

胸ないほうがおしゃれ!!（強がり）

セクシーなのは好きだけど、おっぱいでアピールするのはなんか違う。ウチのファッションは、クールでスタイリッシュなフンイキも大事な要素だから、ぺちゃぱいのほうがヘルシーでおしゃれな気がする。

ギンガムチェックシャツ／スタイリスト私物　シンプルTシャツ／American Apparel　黒ショートパンツ／BACKS　メガネ／BACKS

サテンブルゾン/BACKS
白タンクトップ/エゴイスト
白デニムショートパンツ/ENVYM
クラッチバッグ/ENVYM
黒サンダル/R&E

〝さりげなく〟
女っぽさを投入した
辛めホワイトコーデ

みちょぱスタイルの掟 #03

ちょっとSEXYじゃないと
落ち着かない♪

大人っぽく見せたいから、女度は高めに仕上げたい！ でも、やりすぎて媚びてるかんじにはしたくないかな。意外な肌見せとかヒールとかでちょっとだけセクシーにするのがキモ。

大胆な背中見せと
ロンスカからのぞく脚で
360度抜かりなく♪

#04 みちょぱスタイルの掟
どっかしら絶対露出する！

夏はもちろん冬でも露出はマジで必要！ セクシーなムードも出せるし、抜け感にもなるからこなれるし。
思いきった肌見せはみんなあんまやんないから、差がつくと思う。

白ニットトップス／GYDA
チューブトップ／エゴイスト
デニムロングスカート／ENVYM
シルバーピアス／BACKS
クラッチバッグ／BACKS
黒サンダル／R&E

黒ロングカーディガン／BACKS
ショート丈キャミソール／DURAS
白ガウチョパンツ／リゼクシー
黒ハット／BACKS
赤フリンジバッグ／BACKS
白サンダル／エゴイスト

みちょぱスタイルの掟 #05

基本、モノトーンに差し色★

とりあえず、モノトーンでシンプルにまとめるのが鉄板テク。でも、それだと普通っぽくなっちゃうから、1か所だけ赤とか青とか黄色とかハデ色アイテムを取り入れてるよ。

赤いフリンジBAGを合わせて今ドキなシティー派ボヘミアン

MICROP'S FASHION SPRING

リアル私服でお届け!!
春夏秋冬 着回しSPECIAL

流行りとかあんま気にしないし、シンプルなのしか買わないからね。ファンのコには「マネしやすい」って言われるよ。

A 白ロングトレンチ
ゆったりシルエットが気に入ってSLYで買った。大人っぽくさらっと着こなすよ。

C グラデニット
色みが可愛くて、エゴイストでひと目ボレ！ ブルーってなんかお姉さん感あって好き。

D プリントロンT
デニムが多いから、ファンキーなプリントTはマジで使える！ ママのを借りパク中。

B チェックシャツ
PECO CLUBのイベントのときにBUBBLESでGET。サイズデカめだし、ネイビーだからクール！

E 白クロップトニット
そーとーなショート丈だから、しっかり腹見せできちゃうのがイイ！ ブランドはGYDAだよ。

春 MUST ITEM

F ダメージデニム
Lilidiaはレディーなブランドだから、ダメージデニムでも大人にはけるの。とにかく形がキレイ★

G 白ショーパン
ちょいゆったりしてるのと、ポケットのとこにフリンジがついてるのがキモ。ENVYMのだよ。

H サイドあきスカート
あんまタイトははかないけどたまにはいいかと思ってENVYMで購入。横の三角のカッティングにほれた。

I 白ストラップパンプス
R&Eで見つけた女っぽパンプス！ ヒールの先がゴールドになってるのもポイント高いよね。

J 黒パンプス
普通の黒じゃなくてメタリックなデザイン入りで差がつく！ ダイアナだから足が痛くならないよ。

K 黒スニーカー
かなり前にBACKSで買ったやつ。シンプルだからずっと使えそうなって思ったんだよね。

カッコいいけど女っぽい
目立てるバイカラーコーデ

MICHOPA'S SPRING FASHION

春の着こなし3か条

1. 白とアイスブルーで爽やかなコーデを作成。
2. お姉さんっぽい印象に仕上げて3歳年齢盛り。
3. シルエットはゆるめをキープしてこなれ系に。

A + E + F + I

ゆるいアウターも腹出しニットもダメージデニムも、アイテム自体はクール系。でも、クリーンな色みで大人の女!

MICHOPA'S FASHION
SUMMER

A

B

E

イエロートップス
見た目的にモテ系のオフショル。FOREVERのだから、安かったってのも魅力に。

プリントタンク
プリントがおしゃんてぃーなリゼクシーのタンク。ショート丈だからヘソ見せもできる。

白オーバーオール
スエットデニムでダメージ感がカッコいい！ラインは細身だし、さすがGYDAってかんじ。

C

D

デザインタンク
おなか部分のシースルー感にツボってENVYMでGETしたよ。やりすぎてないとこがお気に入り。

オレンジチューブトップ
夏にめっちゃ似合うハデカラーに胸キュンした！マルキューのCRYXってとこで買ったよー。

F

夏 MUST ITEM

G

リーフ柄ロンスカ
POPの撮影でひと目ボレしたENVYMの天才ボトム。スリット入り＆中がタイトスカートなの。

デニムショーパン
ビンテージ感がカッコよすぎなショーパンはジュエティの1点物！リメイクデニムなんだって。

H

I

J

黒サンダル
ヒールは9cmぐらいあって高めだけど、太いからわりかし歩きやすい。エゴイストの！

ベージュサンダル
フリンジとかジュートとかベージュとか。ママのだけど流行のボヘっぽいから借りてる。

白サンダル
今年の春にMURUAの展示会で購入。形も好きだし、コルクと白のコンビもいいかんじ♪

夏の着こなし3か条

1. 黒よりも焼けた肌に映える白が多め！
2. 胸元も腹も腕も脚も！とにかく露出しまくり。
3. ハデ色アイテムを投入してテンションUP★

がんばりすぎてないのにキマってるクールカジュアル

MICHOPA'S SUMMER FASHION

B + D + F + I

チョイスしたアイテムは基本ラフ。歩くたびに揺れるひらりんスカートは、涼しさもリラックス感も底上げしてくれるよ。

秋 MUST ITEM

A レザーライダーズ
値段が安かったこと以外、いつ買ったかどこで買ったかは覚えてない。けど、使いやすくて愛用！

B 黒ロングカーデ
シャギー素材で触り心地バツグン！ENVYMだし、シンプルだけどゆるっと大人に着られるよ。

D Vネックニット
ちょーノーマルで本当になんにでも合うAZUL by moussyのトップス。デコルテがあいてるのも◎。

C チェックシャツ
小6のときにOZOCで買った。ママには「美優といえばコレ」って言われるほどよき相棒。

E クロップトニット
前でも後ろでも着られるの！ダメージっぽい素材とかゆるっと感とかウチのツボ。GYDAのだよ。

F デニムロンスカ
初めて買ったロンスカのデニムはAZUL by moussyのもの。お姉さんっぽくはけるのがGOOD！

G 黒ショーパン
ブランドはH&M。コマネチカッティングでかなりのショート丈だから脚が長く見える。

H 白スキニーパンツ
GYDAだからめっちゃ細めだけど、スタンダードで、普通によい★ってか、お気に入り。

I レースアップサンダル
流行のデザインってことで、エスペランサの春の展示会で買ってみた。初挑戦アイテム。

J 黒ショートブーツ
カジュアルだけど、つま先がトンガってるから女っぽい。スパイラルガールでGET。

K 黒パンプス
足にフィットして歩きやすいR&Eの靴。シンプルだし、コーデに困ったらコレ！

AUTUMN

MICHOPA'S AUTUMN FASHION

縦に長いシルエットを意識してスタイルUP！

秋の着こなし3か条

1. メンズライクな気分がぴったりハマる♪
2. くすみカラーを使ってこっくり感を漂わせて。
3. アウターの重さはデコルテ見せで軽減！

A + C + E + G + I

ニットの柄、腰巻きシャツのライン、レースアップで縦に流れるラインを作成。スタイルは少しでもよく見せたいっ★

MICROPA'S FASHION WINTER

A 黒ファーコート
モフモフしてて気持ちいいの。レディーにもカジュアルにもマッチする優秀品。ENVYMのだよ。

B ミリタリーコート
AZUL by moussyのドラゲナイ的なあったかアウター。サマになるからマジよく着てる。

D 前結びスエット
スエット素材だから着心地いいし、とりあえず楽チンでシルエットが可愛い。GYDAで買ったよー。

C フリンジトップス
ママのだけど今っぽいから気に入ってる！ フリンジの間からチラッとへそが見えるの。

E ストライプニット
リゼクシーらしい爽やかでオトナっぽいカラー。そでが広がってるのもポイント！

冬 MUST ITEM

F クラッシュデニム
穴が開いてるとこから露出できるし、クラッシュ系はツボ。GILFYで見つけたスキニータイプ。

G レザーショーパン
冬だからデニムじゃなくてレザーに挑戦してみようと思ってH&Mで購入。裏起毛だからあったかい。

H 黒デザインスカート
スカートに見えて実はスカパンってやつ。透けててセクシーなの。ブランドはENVYM。

I ムートンブーツ
誕生日に仕事関係の人にもらったUGG。去年骨折して以来、フラットもはくようになったよ。

J 黒ニーハイブーツ
ミニ丈ボトムに合わせると絶対領域ができる♪セクシーだし、R&Eだから意外と歩きやすいの。

K 黒ショートブーツ
かかと部分がレースアップでヒールの先がゴールド。R&Eでひと目ボレした最強に女っぽい1足。

ラフさをトッピングして等身大のレディーを物語る！

MICHOPA'S WINTER FASHION

冬の着こなし3か条

1. 寒いとか関係なし！露出は絶対マスト。
2. 黒多めのときは素材でメリハリを出すよ。
3. コートがボリューミーだから抜け感は重要★

A + E + H + J

レディーすぎるとお水っぽくなるから。コートの中にストライプニットを仕込んで、ほどよくカジュアルなムードを出すよ。

PRETTY

SECRET OF

MICHOPA

MICHOPA 4 METHOD

FACE

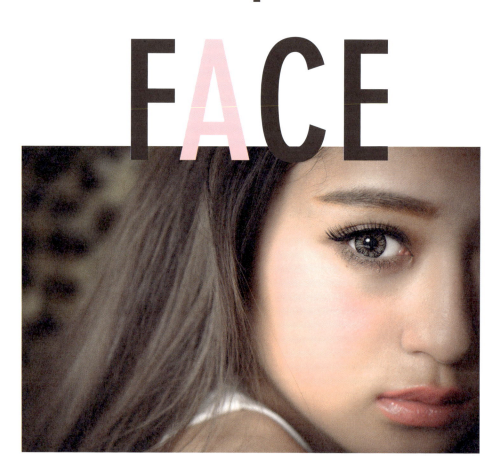

小5でGALメイクを始めて早8年!! いろーんなメイクを
研究してきたウチが、今度は、お肌づくりにも挑戦!!
いつかは、コスメをプロデュースしたいって夢もあるし、
GALとして、盛れるための努力は惜しまないよ★

FACE Data

まずはメイク前に、お顔について。昔は、化粧品も使わず、お肌は放置プレーしてた〜。

裸眼のすっぴん公開!!

すっぴんは土門クンに似てるってよく言われる

それぞれのパーツの特徴

目 視力はカラコンの度数が−5と超悪い。裸眼だと生活できない。ちなみに、整形ではない!!

鼻 高い鼻は好きだけど、年中無休で鼻水をすってるから、鼻炎かもしれない…。

口 小さいころ指しゃぶりしてたから、歯がガタガタに…。いずれは治したい!!

眉 もともとボーボーの太眉だったけど、小5から毛抜きを始めたら生えてこなくなった!!

FACE盛り1　メイク前は必ず小顔マッサージ

マッサージ前にチャームツリーを吹きつけるよ

1 ミストを顔にひと吹き
メイク前の化粧水感覚でミストを顔にひと吹きしたら、フェースラインを持ち上げるよ。

2 フェースラインのリンパを流す
あご下から耳にかけて、親指で流すよ。あと、クマがヤバイから目の下も中央から外側へ。

3 鎖骨へリンパをクリクリ♪
耳の裏側を通り、首筋へ。そのまま鎖骨のリンパだまりへとスリスリさすって血流UP♪

小顔科学研究所が監修してる美容ミスト。シュッとフェースラインにひと吹きすると、肌が引き締まって小顔効果あり!!

FACE盛り2　化粧水＆保湿はキュレルをライン使い!!

ウチ、ママの肌に似て敏感肌だから、化粧水、乳液、美容液、メイク落としも、すべてキュレルを愛用。キュレルは、乾燥肌や敏感肌さん用につくられてるから、なにかと安心♪

FACE盛り3　アイメイクは専用のリムーバーでしっかり落とす

スキンケアでいちばん気をつけてるのがメイク落とし。目元のメイクが濃くなっちゃうから、目はアイメイク専用のオイルでしっかり落として、ほかの部分は、キュレルのクリームタイプでやさしく落とす。

FACE盛り 4

無添加*処方の泥洗顔で つるふわの赤ちゃん肌をキープ!!

どんなにメイクで盛っても、お肌がガサガサじゃ意味がない!! むしろ、不潔感出て悪印象。メイクのりのいいすべすべ肌をGETすべし♪

みちょばが プロデュースした泥洗顔 クリーミューの 威力がスゴイ!!

その1 敏感肌さんもうれしい 無添加*の洗顔料

防腐剤や合成着色料やシリコンなどなど、よく洗顔料に入っている成分のうち11種類も無添加!! 肌が弱い人にもオススメ♪

その2 泡が古い角質を 包み込み ワントーン 明るい肌を演出!!

原料はトックリイチゴなど天然由来のフルーツにこだわってるの!! イチゴが成分って、気分もアガるしお肌の透明感を保てるし、いいことずくめ★

その3 モコモコの泡パワーで 汚れをしっかりキャッチ★

とにかく泥洗顔は、モコモコの泡がスゴイの!! 弾力性もあって濃密な泡は、小さな汚れも逃がさず、お肌を優しく包み込んでくれるよ。

クリーミュー
「クリーミュー」の名前の由来は、クリームみたいな泡と美優を合わせて、ウチが考えたの。

その5 植物オイルで 高い保湿♪

ザクロ種子油やブドウ油、アサイー種子油など、植物オイルもたっぷり配合されているから、保湿力も高〜♥ どれも天然の植物ってのがうれしい!!

その6 泡の洗浄効果で 鼻の黒ずみ・毛穴を スッキリ!!

超微粒子で、海洋ミネラルもたっぷり含んだ沖縄とフランスが原産の泥は、泡立ちもいいけど、サッとすすげちゃうのも特徴だよ。

その4 洗浄により ニキビを予防!!

原料の中のカモミールは、清潔なお肌づくりのお手伝いをしてくれるよ。

*防腐剤、鉱物油、石油系界面活性剤、合成香料、合成着色料、エタノール、合成ポリマー、シリコン、旧表示指定成分、酸化鉄、酸化チタンが無添加。

最近、本当に肌の調子がいいのだ

FACE盛り 5

正しい洗顔法でさらにうるおいを逃がさない♪

せっかくいい洗顔料を使っていても、洗い方がザツだったらもったいな〜〜い‼

1 しっかり泡立てる

泡立てネットに、泥洗顔料を1cmくらい出したらお湯を足して、モミモミもみ込むように泡立てるよ。

2 泡で肌を包み込む

濃密な泡ができたら、その泡で肌をやさしく包み込むように洗う。指ではなく泡で洗うのがポイント。

3 ぬるま湯ですすぐ

32度くらいのぬるま湯ですすぐのが◎。熱すぎると乾燥肌の原因にもなるから注意して♪

4 押さえるように拭く

洗ったあとの肌の潤いを逃がさないように、タオルはこするんじゃなく押さえるように拭くよ。

FACE盛り 6
目元がキラキラのキレイなGALメイクを極める

メイクを研究してたどりついたコスメたち。基本、ほぼリピ買いしてる鉄板アイテムだよ。

みちょぱメイクの鉄板アイテム

- **A** メイベリン ピュアミネラル CC ブライトアップ 01 ブライトオークル
- **B** キャンディドール パレット コンシーラー
- **C** キャンメイク スムースリキッド ファンデーション 03
- **D** レブロン カラーステイ メイクアップ 370
- **E** エーシーバイ エンジェルカラー パーフェクトキープ フィニッシュパウダー
- **F** キャンディドール シェーディング パウダーN
- **G** ヘビーローテーション パウダーアイブロウペンシル 01 ライトブラウン
- **H** ヘビーローテーション パウダーアイブロウ＆ノーズシャドウ
- **I** コージー ドーリーウインク アイブロウマスカラIII マロン
- **J** コージー ドーリーウインク クリームシャドウIII 01 ゴールド
- **K** ケイト ブラウンシェードアイズ BR-1
- **L** コージー ドーリーウインク ペンシルアイライナーIV ブラック
- **M** MR L アイライナー BK
- **N** 資生堂のビューラー
- **O** エレガンス カールラッシュフィクサー
- **P** ラッシュ クイーン クリーンボリューム ブラック
- **Q** 下まつ毛を整えるコーム。ドラッグストアで購入
- **R** EYEMAZING No.601 タレハネ
- **S** GREEN BELLのピンセット
- **T** ケイト 3Dアイクリエイト EX-1
- **U** ダイヤモンドビューティー ブラッシュ No.8 ジューシーオレンジ
- **V** イヴ・サンローラン ルージュ ヴォリュプテ シャイン No.12

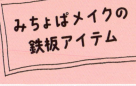

みちょぱメイク 全プロセス

8年の歳月で編み出した、いちばん盛れるメイクがこれ!! 甘すぎず、辛すぎなくていいの。

Bace ベース 色ムラ、境界線に要

1 CCのベースを顔全体にON。肌を明るくしたいだけだから、ここはテキトーでいいよ。 **A**

2 目の下のクマがヤバイからコンシーラーをチョンチョンとのせてなじませるよ。 **B**

▶▶▶

Point シェーディングはボカす

6 パフだと厚塗りになっちゃう危険性アリ。お粉は筆でサッとつけたほうが肌にツヤ感が出るよ。 **E**

7 こめかみから耳、耳からあご先へと筆を何度も動かす。往復することで境界線をボカす。 **F**

Eyebrow

8 まずは薄い茶色のペンシルでリンカクづくり。眉尻はカーブをつけずに真っすぐ書くのがポイント。 **G**

Eye make-up アイメイク 目元をキラキラさせ

12 アイホール全体に、キラキラのクリームシャドーをのせてツヤ感を出すよ。 **J**

13 ★印の色を⑫で塗ったアイホール全体に筆で重ねる。このケイトは6回はリピ買い。 **K**

14 ★の濃い茶色を二重幅の半分くらいに塗るよ。⑬の色とグラデになるように♪

注意！！ ▶ ▶ ▶

❸ 濃い色と薄い色のファンデを2色混ぜて、首の色に合わせるよ。夏は濃いめ、冬は薄めの色に。 **C D**

Point ファンデは内から外へ！

❹ 筆で塗るのが◎。よく笑うからファンデ割れしないように、ほうれい線の部分は極薄にON。

❺ ファンデの余計な油分をティッシュで押さえつけるようにOFF。お粉のムラ防止にもなる。

眉毛　太眉はていねいにつくる！ ▶ ▶ ▶

❾ 両眉を均等に描くために、ちょっとでもズレたと感じたら、めん棒で★をOFF。ここはめんどくさがらない!!

❿ さらに上にパウダーをシャシャッとのせると、自然でやわらかい印象の眉になるよ。 **H**

⓫ 濃いとけわしくなるから、眉マスカラで色を明るくするよ。毛流れに逆らってつけるとのせやすい。 **I**

て、ラインで上下、左右にデカくする！！ ▶ ▶ ▶

⓯ 下まぶたの黒目のはじまりから目尻にかけて★をON。目頭側は細く、目尻側は太く。

⓰ さらに黒目の終わりから目尻に★の濃い茶をON。たらしすぎると古く見えるよ。

⓱ ★の白色を目頭にON。GALは目頭がキラキラしてたほうが盛れる!! 目にぬけ感も出るよ。

Point
クジラみたいな形に

上まぶたの粘膜を塗りつぶすよ。ここを黒くしないと、つけまつけたとき隙間ができて変!!

下のインラインは、黒目の下にのみ細く入れるよ。これで丸目を演出♪

アイラインは目尻から4mmハミ出して、ちょっとハネ上げる。目頭が太め、目尻は細めに。

Point
下まつげは真っすぐ伸ばす

ボリューム系のマスカラで、根元をジグザグさせて毛先は真っすぐ上にコーティング!!

マスカラをつけてから、コームでキレイに真下へ毛流れを整えるよ。下つけまは必要なし!!

新品のつけまの場合は、目頭側の毛をビューラーでしっかり立ち上げるといい角度になるよ。

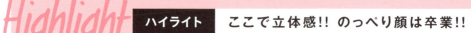

Highlight ハイライト ここで立体感!! のっぺり顔は卒業!!

眉頭から鼻のつけ根に三角形を描くようにノーズシャドーで陰影をつけ、そのまま鼻の横筋へシャドーを往復させる。

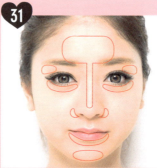

㉚と同じくTの3Dアイクリエイトでゾーン、目の下、眉尻の下、小鼻のわき、唇の下、あご先にハイライトをのせてツヤ感出すよ。

Eyelash

眉毛 地まつを盛ってなんぼ!!

Point 三角の切開ライン

21 目頭に三角形をつくるように、筆の先で切開ラインを入れる。これで目元がしまるよ!!

22 地まつ毛がきちんと立ち上がってないと、つけまつげをつけて横から見たときにバランス悪いよ。 **N**

23 マスカラ下地で、カールをキープさせるよ。エレガンスは高いけど、キープ力がパナイ。 **O**

Point ノリをつける位置が大事

27 目頭は芯より外側、目尻は内側にノリをつけると、つけまの立ち上がりがよくなる。

28 ピンセットで、目頭側から目のキワにそってつける。繊細な作業はピンセットが◎。 **S**

29 仕上げに、ピンセットでさらに目頭の毛を立ち上げ、目尻は上から押さえつけ角度を下げる。

Cheek チーク 子どもっぽくならないように

Lip リップ 発色命のオーバーリップ

32 オレンジピンクを横長に入れるよ。こめかみ側に向け角度を上げると大人っぽい。 **U**

33 発色がいいオレンジピンクをオーバー気味ににじか塗り。グロスとかは塗らないでOK!! **V**

Finish! 所用時間 **45**分!

FACE盛り 7 — カラコンで目元の印象を

瞳にゴールドの
ひまわりが咲く
ハデなGAL目に
なれちゃう!!

Hazel Beige

やんちゃにハジけたいときは
ヘーゼルベージュ

Make-up Point 瞳の明るい色に合わせて
ヘルシーなオレンジメイク★

ヘーゼルベージュは、瞳の色が明るくて小麦肌に合うから夏はいつもこれ!! カラコンの色に合わせて、シャドーもオレンジをチョイス。アイラインは、ハミ出さず丸目になるように。日焼け肌っぽくオレンジチークを横長に入れて、リップも発色のいいオレンジに。

HAZEL BEIGE

世の中のナチュラル系のカラコンと比べて、Dope Winkは、ハデさとくっきりしたフチが特徴!! ヘーゼルベージュは、内側に明るい褐色を入れて濃い色のフチで、とにかく目立つ度No.1!!

ガラリと変える!

みちょぱの鉄板カラコン
Dope Wink

簡単にイメチェンしたいなら、カラコンを替えるのがてっとり早い!! そこで、ウチがこだわりまくってつくったDope Winkの14.5mmの盛りカラコンを使ったメイクバリエをご紹介♪
(2016年5月現在)

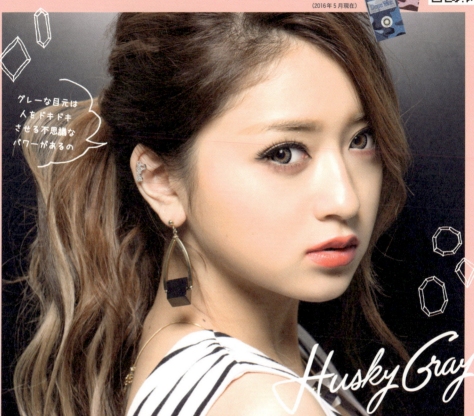

グレーな目元は人をドキドキさせる不思議なパワーがあるの

Husky Gray

とことんクールにカッコつけたい日は

ハスキーグレー

HUSKY GRAY

ハスキーグレーはハデだけどどこか大人っぽく、でもしっかり盛りたいっていうコにおすすめ! グレーでありがちな、白っぽくならない色だから暗すぎず明るすぎずベストだよ!!

Make-up Point

クールなグレーEYEにボルドーで女らしさプラス

定番のクールEYEは、上まぶたではなく下まぶたを盛ると今年っぽくなるよ。下に濃いブラウンシャドーをのせたら、下を囲むようにボルドーをのせて♪ 大人っぽくしたいから、あえてチークは入れないよ。リップはマッドな赤をオーバー気味にON。

キラキラに輝くように見える魅惑のブラウンEYE

Hazel

新商品

大人なハーフ盛りで友だちと差をつけたい日は

ブライトヘーゼル

Make-up Point 太眉と彫り深なブラウンシャドーでSEXY EYEの完成

眉毛は太めに描いて、あえて目頭の毛をボサボサに立たせると、よりハーフっぽさがUPするよ。シャドーのグラデで彫り深にして、下まぶたにはオレンジブラウンをON。オレンジチークを平行に入れて、リップもオレンジでヌーディーなイメージに。

BRIGHT HAZEL

新シリーズはウチの成長にも合わせて少し大人っぽく。でも、ただのナチュラルは寂しいから、色素が薄いように見える明るいヘーゼルで。キラキラ輝くように見える柄にこだわった!!

ツヤ肌に
ナチュラルな
ブラウンEYEは
万人ウケ最強です

Bitter Brown

キレイなお姉さん系で
攻めたいときは

ビターブラウン

Make-up Point
ちょっぴりピンクをきかせた
うるうるの目元で清潔感UP

キラキラのクリームシャドーで目元を輝かせたらアイラインはブラウンのライナーで細めに入れて、目尻にピンクシャドーをちょっとだけ仕込む。チークはピンクをまるくふわっと入れて、リップはグロスでぷっくり感を出せば、キレイなお姉さんの完成!!

BITTER BROWN

ビターブラウンはDope Winkの中でいちばんナチュラルなカラコン！ 日本人の目になじむような赤みのあるブラウン。ナチュラルだけどフチもちゃんとあるからナチュ盛りしたいコにおすすめ!!

HAIR

MICHOPA 5 METHOD

巻き髪ロング&立ち上げ前髪で、大人っぽくてセクシーなのが絶対条件。
中3のときノリで前髪パッツンにしたんだけど、
幼くなっちゃってちょー後悔した。カラーは、ハデでカッコよく
見せたいからは明るめにすることが多いよ！

HAIR Data

カラーは気分でちょいちょい変えたりするけど、長さとか重さとは基本変わんないっ★

MICHOPA'S SECRET OF THE HAIR / HAIR DATA

――― 行きつけサロン ―――
L.O.G by U-REALM
[ログ バイ ユーレルム]

くみっきーさんにススメられたのがキッカケで通い始めたよ！ 住東京都渋谷区神宮前5の12の6 ☎03-6427-3639 営12:00〜22:00（土・日・祝は11:00〜20:00）

担当の長山さんより

みちょぱヘアのオーダーシート
地毛を13トーンのアッシュベージュにカラーして、14〜15トーンのホワイティベージュと、8トーンのマットアッシュのシールエクステでグラデーションを表現。地毛が傷まないようにシールエクステを使用。

 Side   Back

HAIR盛り 1
美髪のヒケツはドライヤーテクにあり!!

愛用ヘアケアグッズ

ドライヤーで乾かすのってめんどいから、おおざっぱになりがちだけど。髪を洗ったらすぐにちゃんと乾かすと傷みにくくなるよ。最初は温風で、仕上げに冷風をあてるのもいいっぽい！

ママと共同の
HAIRBEAUZER

モロッカンオイル ライト
ドライヤー前につける洗い流さないトリートメント。保湿効果ばっちりで髪がツルツルに！

1. 毛先から

乾きにくいエクステの毛先から開始。毛束を持ってしっかりドライヤー。

2. 根元を
手グシで髪を左右に振りながら乾かすと、自然なボリュームが出るよ。

3. 全体を
仕上げってことで冷風を使用。このひと手間でかなりまとまりやすくなる！

L.O.G by U-REALM サロンクオリティーヘアケアのシャンプーとコンディショナー
優しく汚れを落としてくれるノンシリコン&乾燥を防いでくれるオイルシャンプー。トリートメントは髪がなめらかになるの。

065

ルーズにして
ぬけ感を出すと
こなれた
フンイキに！

HAIR盛り 2

テッパンの盛りヘアは
ゆるSEXYな
みちょぱ巻き

YouTubeで見つけたゆるいMIX巻きに、前髪の立ち上げワザをプラスして自分流にアレンジ。難しそうに見えるけど、やってみたら意外と簡単だった。今じゃヘアメイクさんに褒められるよ♪

Side

Back

みちょぱ巻きのつくり方

MUST ITEM

イメージモデルをさせてもらってる、クイーンズアイロンのリッチカラーカールアイロン。大きめの巻きにしたいから32mmをチョイス。

前髪を立ち上げるときの下準備に必要なアベンヌウォーター。ミストタイプだから使いやすいし、水道水よりも髪の健康によさそうじゃない？

HAIRBEAUZERのドライヤーはママが美容院でオススメされて買ってきた！使うと髪が広がらずにまとまるし、なんかとにかくすごい★

スタイリング剤は、花王のケープ 3Dエクストラキープを愛用してるよ。ゆる巻きでもちゃ〜んと固めてくれるから、1日中崩れないの！

1 顔まわりの毛束から巻き始めるよ

前髪をピンでとめてから、顔まわりの毛束を取って中間より上側をアイロンで外向きに挟んで1回転。

2 毛束は挟んだままスライド→外巻きに

1回転部分をアイロンから抜いて、少し下にスライドして半回転外巻き。これを毛先までくり返す。

3 隣の毛束は内巻きにする！

顔まわりの隣(サイド)の毛束を取って、中間より上側をアイロンで内向きに挟んで1回転させるよ。

4 毛束は挟んだままスライド→内巻きに

②と同様に、1回転部分をアイロンから抜いてスライドしたら半回転内巻きに。これを毛先まで！

5 前髪を湿らせてクセづけしやすく！

縦にブロッキングしながら①〜④を繰り返して全体をMIX巻きに。次にアベンヌで前髪を湿らせて。

6 ドライヤーを使って前髪を立ち上げる！

湿らせた前髪を手グシで前から後ろへとかしながら、ドライヤーをあてて乾かしつつクセづけを。

7 テキトーにほぐしてルーズな印象を作成

巻いた毛束に指を通して、手グシで髪を左右に振りながらほぐす。しっかりじゃなくてラフでOK。

8 立ち上げた前髪をケープでキープ

ケープを前髪の根元にスプレーして⑥のクセづけを固定！ デコまわりの産毛を入れ込むのも大事。

9 ケープをつけて崩れないゆる巻きに

ランダムに毛束を持ち上げたら、中間部分にケープをスプレー。カチカチにならないように軽く！

HAIR盛り3 毎日のアレンジはSEXYで簡単じゃなきゃダメ!!

HAIR盛り2で紹介した『みちょば巻き』をベースにした時短アレンジたち。だから、ラフでもルーズでも、それがサマになっちゃうよ。難しいのとかは絶対無理だし!

三つ編みより簡単!
ねじねじツイスト編み

1 全体を左サイドに寄せて2つにブロッキング。次にそれぞれの毛束を同じ方向にねじる。

2 ①と逆方向に2つの毛束をねじり合わせて1本に。毛先はゴムで結んでハットをON。

Side / Back

高め位置が鉄則の
GALだんご

Side / Back

1 前髪以外の髪を高い位置で1つにまとめてねじり、根元に毛束を巻きつけておだんごに。

2 放射状に4か所ほどピンでとめて固定。ゴムで結んだおだんごよりゆるさが出せるよ。

こんもりお山の
強めなハーフアップ

1. ターバンをセットしたら、目の粗いコームを使ってトップの根元にたっぷりと逆毛を立てるよ。

2. 逆毛のボリュームをつぶさないように注意しながら、トップの毛束をまとめて後頭部でピンどめ。

ただ結んでもつまんない
サイドねじりポニー

1. サイドを2つに分けたら、耳上の高さで後ろ向きにねじり合わせてピンで仮どめを。逆側も同様に。

2. 両サイドの毛束とえり足を後頭部の高い位置で1つにまとめて、最後にシュシュで結ぶよ。

ちらしっぷりがアネゴ
サイドハーフだんご

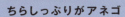

1. 目の粗いコームでトップの根元に逆毛を立てたら、耳上の毛束を取って左に寄せ、ゴムで結ぶよ。

2. 毛先はゴムから抜き切らず半だんごに。次に逃がした毛先から取った細い毛束を巻いてゴムを隠す。

MICHOPA **6** METHOD

NAIL

ウチのGALらしさをいちばん強調してるのが、
なっが〜くてゴッテゴテな爪!! インパクトありまくりだから
「撮影のイメージに合わないから取って」ってたまに言われるけど
このネイルだけははずせないんだな〜。ポリシーだから!!

NAIL盛り まわりになんと言われようと ネイルはMAX長く!!

最近はスカルプにハマっててていつもMAX長いのをオーダーしてる。この長さに慣れて、むしろ爪が長くないとスマホも使えない(笑)。

クリスマス用ネイル。真っ赤にゴールド入れてちょっと上品に!

人生ではじめてやったスカルプ！マーブルカラーがポイントだよ。

トップ3に入るくらいお気に入り！オールホワイトにデコストーンでハデ可愛い!

夏ネイルは、パイナップルやピンクや3Dのハートでちょいハデに!!

初のピン表紙のときにやったクリスマスネイル。赤の千鳥柄が可愛い♥

冬っぽいツイードの柄にゴールドをプラスして、大人なハデネイル♥

お気に入りのダメージデニム風ネイル！流行のカーキも合うでしょ。

モノトーンシンプル!!くりぬきの形とかクリアとか、大人っぽくて好き。

時短でやってもらった超シンプルなネイル。ちょいスポーティーに。

青に星のようなギラギラを入れて宇宙っぽいイメージにしてもらった!!

めずらしいヒョウ柄ネイル！その当時の彼氏のイニシャル入り(笑)。

クリアとデニムを合わせてシンプルカジュアルに。LOVEって文字も◎。

当時めっちゃ流行ってた迷彩柄！クロスとか入れてちょっとロックに!!

べっ甲とボルドーとネイビーを合わせたちょっと変わった秋ネイル。

MICHOPA **7** METHOD

FRAGRANCE

ウチがGALになろうと思ったのは、友だちのお姉さんから漂ってきた
甘くていい香りがキッカケなんだ。なんだこれはって衝撃を受けたと
同時にGALってスゲーなって憧れたんだよね。
見た目だけ盛ってちゃダメ。いい香りをさせてこそ女ってもん‼

香り盛り 1

さわやかでちょい甘い香りの Magic to Love WHITE SAVON で男女ウケを狙う!!

さっぱりした香りが好きで、よくメンズのを使ってたんだけど、もうちょっとだけ甘さをプラスしたいなと思って、調合にこだわってつくったのがこのホワイトシャボンの香水。ユニセックスな香りで、つける人も場所も選ばないから、超気に入ってるよ♪ しかも、パワーストーンのホワイトクオーツが入っていて恋愛運UPまちがいなし!!

キスマークのアクセサリーがついたボトルもオキニ♥

マジックトゥラブホワイトシャボン オードパルファム

みちょばのこだわりの香り
初めはピーチ、アプリコット、オレンジ系のフルーティーな香り。徐々にホワイトローズ、ミモザ、ジャスミン系になって、ラストはシャボンやムスクの香りに変化するよ。

男女から人気者になれる香水のつけ方

1 手首にワンプッシュ

ボトルを持って手首にワンプッシュしたら、両手首をすり合わせるよ。

2 そのまま首筋へ

香水の液体がついた両手首を首筋へスリスリ。動くたびにほのかに香るよ。

3 全体にもう1プッシュ

洋服からちょっと離して、全体にかかるようにワンプッシュ。かけすぎに注意!!

香り盛り 2

ボディークリームのいい香りで保湿しながら、透明感ある白ツヤ肌へ

お肌を美しく見せるホワイトヴェール効果

マジックトゥラブ ホワイトラバーズ ホワイトヴェール フレグランス モイスチャー ボディクリーム

4つのホワイトエキスが配合されたボディークリームは、保湿力がバッチリなのはもちろんだけど、ホワイトヴェール効果もあって、お肌に塗ると透明感がアップするの!! 腕や脚、デコルテとか気になるとこに塗れば、ワントーン明るい肌を演出できる!! お出かけ前に保湿しながら美白しちゃえるって最高♪

Before → After 透明感がUP!!

香り盛り 3

つねにバッグにミストを常備して、ヘアや洋服にお出かけ先でもワンプッシュ♪

ボディーやヘアだけでなく、洋服や部屋の香りにとなんにでも使えるマルチミスト!! お気に入りの爽やかなホワイトシャボンの香りで、マジでバッグに常備していろんなところでシュッシュしてるよ。バッグとか洗えないものに使えるのもうれしい!!

洗えないものもこれでいい香り♥

マジックトゥラブ ホワイトラバーズ ホワイトシャボン フレグランスマルチミスト

MICHOPA **8** METHOD

PURI

やっぱGALだから、プリは永遠に大好き！！
ぶっちゃけ、雑誌の撮影や自撮りより盛れるじゃん！！
つっても、加工しまくりの不自然なヤツはダメね。
これからは、思い出に残したくなるおしゃれプリの時代♪

GALたるもの常に盛れるプリ機を模索中!!

普通のプリじゃもの足りなーい!!っていろいろ探してたら、なんと、GALの憧れのBarbieみたいに撮れちゃう、めっちゃおしゃれなプリ機発見!! ほかにはない機能がいっぱいで、みんなに自慢したい可愛さなんだってば!!

今、いちばん注目してるのが **最新プリ機**
Barbie Your Doll

> Barbieのロゴが目印!

> Barbie人形になったつもりで撮れるハコ型のプリ画「ハコプリ」がめちゃめちゃ可愛い♥

1人用だけじゃなく2人用やカップル専用のハコプリもあって、そのデザインは50種類以上もあるの!! どれもシャレオツだから、いっぱい撮って集めた〜〜い♪

登場したばかりのメイクソフトのプリ機 **Barbie Your Doll**で撮ったプリシールをみんなにもプレゼント!!
ウチとBarbieが写った超レアなプリシールをプリ機の登場を記念して巻頭のページでプレゼント♪
いろんなところに貼ってね★

ワンタッチでBarbie風メイクになれる♪

年代ごとのBarbie風メイクをプリで疑似体験!! ウチがチャレンジしたのは2010年版だよ★ 青い目がウケるっしょ♪

らくがきのセンスが超いい!!

Barbieだけじゃなく、スタンプの言葉もオモシロいの。スタンプが動くおまけらくがきは、SNSにアップしたい!!

> アップも全身も究極に盛れる!!

カメラの位置が自動で動いて、いちばん盛れるアングルで撮ってくれるの!! しかも撮影後にメイクのノリも調整できるって最強じゃない?

> シートにもBarbieが!! ほかにはないデザインがおしゃれすぎ!!

1つ1つの画像はもちろんだけど、シートデザインも楽しめる!! たくさん種類があるからマジでコレクションしたくなるよ♪

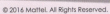

© 2016 Mattel. All Rights Reserved.

Healthy, Beautiful body of Mjchopa

せっかくの本だから、ちょっぴりHな写真も撮っちゃった♥
寝てる姿が、よく赤ちゃんっぽいって言われるんだよね。
鍛えてるから、そんなエロい体じゃないけど～。

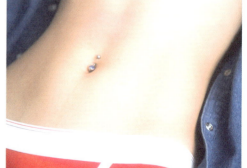

Healthy, Beautiful body of Michopa

Healthy: Beautiful body of Chihiro

Let's make a Sexy body in the daily effort!

MICHOPA **9** METHOD

BODY

Twitterやモデルの後輩とかにも「どうやって
そのスタイルをキープしてるの？」ってよく聞かれるけど、
そんなに難しいことはしてないの。ただ、基本はしっかり、
体に無理させず、ストレスためずに、楽しく!!が体づくりのテーマ♪

BODY Data

身長も伸びたし、胸は少しはデカくなった!? ウチの体は、まだまだ成長中!!

体の特徴

昔から、ひょろひょろしすぎて、「もやし」とか「しらたき」って言われてた(笑)。どんなに食べても太らない体質なんだ。体の特徴としては、運動神経はいいよ。マット運動やダンス以外なら、走るのも泳ぐのも得意。理想のスタイルは、ガリガリじゃなく、ほどよく筋肉があるスレンダーな体!! ちなみに、ダイエット関係のプロデュース商品に挑戦したいから、きちんと基礎を勉強しようと思って、勉強が苦手なウチがダイエット検定まで取ったんだ。ま、事務所にススメられたんだけどね。

みちょぱと言えば…

O脚
モデルとしてO脚はいかんだろってことで、整体に通ったりウォーキングレッスンで、徐々に直してるよ。

ネコ背
ニコルもネコ背だから、よく撮影中、2人でネコ背エヴァンゲリオン1号、2号って呼ばれてた(笑)。

体がカタイ
MAXでこのカタさ。床に手なんかつかないけど、今までこれで不自由したことないから♪

BODYサイズ表

身長	166cm
体重	45kg
二の腕	20cm
手首	14cm
バスト	78cm
ウエスト	57cm
ヒップ	85cm
太もも	47cm
ふくらはぎ	30cm
首まわり	29cm
首の長さ	13cm
腕の長さ	52cm
股下	75cm
ひざ下	35cm
靴のサイズ	24.5cm

ダイエットに時間をさかなくても生活習慣がすでにヤセ活!!

BODY盛り 1

基本、めんどくさがり屋だから、家でマメにマッサージしたり、ウオーキングしたりってことができないんだ。だから、日々の生活の中でストレスなく体を刺激してるよ。

その1 つねに露出して体を甘やかさない!!

〝冬だってヘソ出しヨユー!!〟

基本、真冬でもへそ出し。夏は、ベアトップにショーパンで、ほぼ裸で街を歩いてるから!! 警察にガン見されるけど、気にしない!! 他人の目に体をさらして、緊張感を与えてるの!!

その2 クネクネ体を動かしてじっとしていない!!

〝おさまと〜〟〝クネ〟〝クネ〟

ワザとやってるわけじゃないんだけど、つねにクネクネしてるかも。動かないよりはちょっとはカロリー消費になるんじゃね? ちなみに、ダンスもキレよく動いたつもりが、クネクネしてキモいってよく言われる(笑)。

その3 移動時はスニーカーかローヒール

本当は高いヒールをはきたいんだけど、去年、こけて骨折して以来、怖くなっちゃった。だから、移動の多い日はペタンコのスニーカー。そしたら、長距離歩いたり階段上るのもおっくうじゃなくなった。

〝おでかけの日〟 〝仕事の日〟

その4 休んでるときも腹筋を意識!!

腹筋は、つねに意識をさせることが大事。寝ててもケータイを見ながら、脚を上げて腹筋を刺激したり。ネコ背だから、よくおなかがだらっとしてるけど、思い出したら引きしめるようにしてるよ。

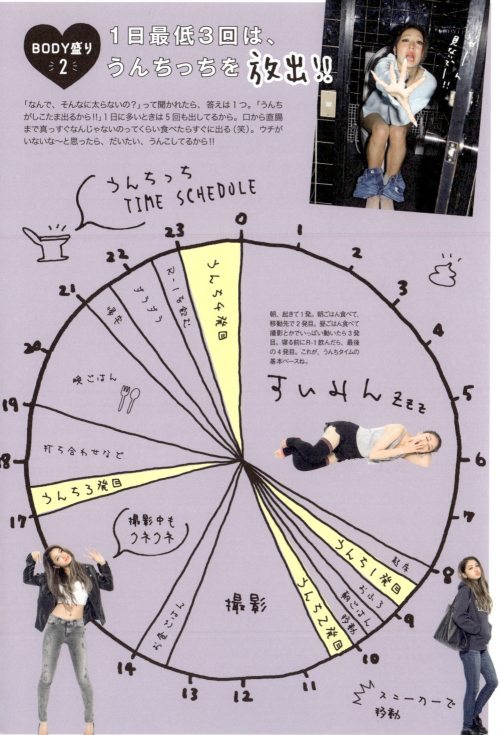

BODY盛り 3 トレーナーさんの指導のもと、姿勢ブスをメンテナンス

モデルとしてTGCとか大きな舞台に立つようになって、ネコ背＆O脚のままじゃいか〜んって思ったの!! プロの手をお借りして、ジムで定期的にトレーナーさんに指導してもらってる♪

背中を鍛えるフリーモーション。背中の筋肉を鍛えることで、胸がはれて姿勢がよくなる。

→ウオーミングアップとしてバイクを10分。体を温めてから、筋トレしたほうが効果的なんだよ♪

カルチャー ワークスのフィットネス部門では、トレーナーさんが1人1人に合ったオリジナルなトレーニング・メニューを提供してくれるよ。

伸びてる伸びてる〜

マジいたーい

ストレッチポールで刺激して、O脚の原因でもある外に開いてる筋肉をゆるめるストレッチ。これが痛い!!

お世話になってるジム

シダックス カルチャー ワークス

渋谷に誕生した「カルチャースクール」と「スポーツクラブ」を融合させたトータルな学びの場。⊕東京都渋谷区神南1の12の10 シダックスカルチャービレッジ ☎03-3770-1425 http://www.cultureworks.net

お世話になってるトレーナーさん

プロアスリート トレーナー 倉田孝太郎さん

2010年まで、フリースタイルスキー・エアリアル競技で日本代表選手として活躍し、引退後はオリンピック選手など幅広いスポーツ選手のトレーナーに。

正しい姿勢 耳、肩、腰、くるぶしが一直線となり体に負担をかけない美しい姿勢。

胸はりすぎ 無理に姿勢をよくしようと胸をはったため、背中が反ってしまい、おなかがぽっこりしちゃった!!

ネコ背 ネコ背のおかげで骨盤が後傾し、首が前に出てしまう!!

\ 倉田トレーナー直伝!! /

姿勢改善＆ヒップアップ＆下半身シェイプ

姿勢を改善するには、1か所だけ鍛えてもダメ。体幹、背中、太ももなど、全体を鍛えて、体の芯で体重を支えられるようになることが重要!!

♥1 体幹側屈

まずは体の脇、胸郭のトレーニング。脚を肩幅に開き、頭の上で手のひらを合わせるよ。ひじを上に伸ばして脇腹が伸びてると感じたらOK。その姿勢のまま、左右にゆっくり倒していくよ。

30秒間×2〜3セット

♥2 背中のトレーニング

脚を肩幅に開き、真っすぐ姿勢を正して立つよ。両手を上に広げてYのポーズ。おなかをへこませてから、ゆっくり腕を下ろし、Wのポーズ。肩甲骨を中央に寄せるイメージで。このとき、肩が上がらないよう注意して。

10回×2〜3セット

♥3 肩甲骨のトレーニング

四つんばいになって、片手を頭の後ろにつけるよ。そのまま外側に体を開くように、頭につけた側の腕のひじを天井に向ける。このとき、もう片方の手は、床を押しつけるようにするとGOOD!!

左右10回×2〜3セット

♥4 ヒップリフト

ひざを直角に立て仰向けに寝るよ。脚の幅は10cmほど離し、ひざでボールかタオルをはさみ、つぶすように力を入れる。さらに下腹部をへこませ、背中から腰まですべて床につけるよ。そのままお尻を上げて、肩からひざまでが一直線になったら、お尻をしめ3秒キープ。

10回×2〜3セット

♥5 太ももと下腹のトレーニング

肩幅に脚を開き、姿勢を正して立つよ。ひざの少し上でボールかタオルをはさみ、ひざとひざをくっつけるように内ももに力を入れて。このとき、おなかもへこませるように意識するとより効果的!!

30秒間×2〜3セット

♥6 スクワット

脚を肩幅に開き、つま先はやや外側に向けるよ。胸をはり、胸の中心でボールかペットボトルを逆さまにして支える。そのままお尻を下ろしていき、お尻が椅子にチョンと触ったら、元の姿勢に戻すのを繰り返す。お尻を下ろすとき、背中とすねのラインが平行になるように、それとひざのお皿がつま先の方向に向くよう注意。

10回×2〜3セット

露出度の高いウエストは徹底的にしぼる

ウエストは、ちょっと自信ある。縦に筋を入れたくて、腹筋だけは毎日やってたんだ。やっぱり、へそ出しファッション好きだしさ、人前に見せるなら、それなりに引きしめないとカッコ悪いじゃん!!

Twitterでも みちょぱのくびれに 賞賛の嵐!!

みちょぱみたいに腹筋バッキバキにしたいです!!
(あかね)

ど〜やったらみちょぱみたいなおなかになれるの?
(Yuka▷みちょぱ◁)

みちょぱみたいな腹筋にしたい(><)。(じゃすこ みちょぱ まにあ)

キレイな腹筋の割れ方、どんくらいの期間でできる?(Nanami)

腹筋に縦筋が入る
超スパルタ筋トレ

YouTubeで『下腹 腹筋』って検索したら出てきたのがこの腹筋法。めっちゃキツいから!! これを毎日やってたら、ウエストに縦筋ができた!!

ネタ元はYouTube

鈴木達也トレーナーが教える「下腹をへこます腹筋トレーニング」。視聴回数200万回を超える人気動画!!

1 ひざを立て、仰向けに寝てスタンバイ。両手は床に♪

2 ①のポジションから、お尻を持ち上げひざを顔に近づけた状態でキープして。

×20回

1 仰向けで寝た状態で、軽くひざを曲げ脚を上げる。このとき、お尻は床に。

2 その態勢から腹筋を使ってお尻を持ち上げ脚をさらに天井に突き出すよ。

×20回

1 仰向けに寝た状態で、脚は真っすぐ伸ばし床から30cmくらい上の所でキープ。

2 その態勢から、お尻を上げてひざを曲げ、ももを体に引き寄せるよ。

×20回

1 仰向けで寝た状態で、脚は真っすぐ天井へ伸ばす。

2 ①の姿勢から、ゆっくり脚を床の方向へ近づけていき、床から30cmくらいの所でキープして。

×20回

1・2 仰向けの状態で、脚を上げ、脚を左右交互に入れ替える。軽くひざは曲げてOK!! 素早く動かすと効果的だよ。

×20回

1 両腕を後ろの床についた姿勢で座る。ひざを曲げ、上半身に近づけ、足の裏は床から離して。

2 そこから、ゆっくり脚を伸ばし床から10cm浮かせた状態でキープするよ。

×20回

BODY盛り 5

ガリガリじゃ魅力なし!!
女性らしい美脚ラインをつくる!!

倉田トレーナーがレクチャー

むくみ改善!!

美脚ストレッチ!

ふくらはぎは、第2の心臓と呼ばれ、ここがこり固まってしまうとポンプ作用が低下しむくみの原因に。下半身のストレッチをして血流をUP!!

ストレッチする際は、伸ばしている筋肉を意識し、しっかり呼吸をしながら、ゆっくりと10秒〜20秒間伸ばそう。

1 前太ももの ストレッチ

まっすぐ立って、かかとがお尻につくように持ち上げるよ。このとき、体が前に傾いたり、腰が反りすぎないよう注意。前ももが、伸ばされてると感じたらOK。

3 ふくらはぎの ストレッチ❶

両手のひらを壁につけて、まっすぐ立つ。右脚を後ろに1歩引き、右ひざは伸ばした状態。左ひざは少し曲げて、壁を押すように前方に体重をかけていくよ。このとき、かかとは床につけて、ふくらはぎが伸びていることを意識して。

4 ふくらはぎの ストレッチ❷

③と同じポジショニングをとって、今度は前方ではなく、斜め下にひざを曲げ押し下げるイメージで力を加えていくよ。右のアキレス腱が伸び、ふくらはぎのヒラメ筋を伸ばすトレーニング。

やっぱり、脚はほどよく筋肉がないとキレイじゃないと思う。ただの棒みたいな脚より、そのほうが引きしまって見えるよ。脚の外側じゃなく、内側を鍛えるイメージ。

❷ 後ろ太ももの ストレッチ

椅子の前に真っすぐ立ち、片足を椅子の上に置くよ。ひざが伸びているのを確認し、そのまま上半身を前に倒していく。このとき、後ろのももが伸びていると感じたら効いてる証拠♪

---

❺ すねの ストレッチ

両腕を後ろについた状態で、片ひざは立てて、もう片脚はすねが床につくようにして座るよ。その状態で、床につけていたほうのひざを床から離し上に上げる。上半身の体重を腕にのせるとやりやすいよ。すねの伸びを感じて★

ストレッチは毎日実施してもOK。トレーニングは、筋肉痛が残るようであれば、24時間～48時間あけてから実施しよう。腰痛など痛みが出たときには、控えてね。

ほどよく筋肉がついてるの

BODY盛り 6 — 無理な食事制限はしない!!

ウチの食生活の写メを見てもらえればわかると思うけど、油ものも白米もガッツリ食べてるから。守るとこを守って、ストレスはためないのが、食事のルール!!

みちょぱ流 食事の掟5か条

お米が大好き♡

その1 肉、米、野菜を3食しっかりとる

朝 / 昼 / 夜

朝は、基本、おにぎり2個に、唐揚げとかウインナーに野菜ジュースが鉄板。

お昼は、仕事の合間なので、炭水化物をガッツリとって、エネルギーチャージ。

肉、米、野菜でバランスよく。野菜たっぷりのスープで、体を温めるよ。

朝や夜のごはんを抜いたり、炭水化物を食べないとかのバランスの悪い食事は、ストレスの原因に!! 結果、どこかでドカ食いしたりしちゃうよ。

その2 飲み物は水かお茶!!

500mlを1日5本!!

1日にウチ、すっごく水分とってるんだけど、500mlのペットボトル5本はいっちゃうね。しかも、絶対ジュースとか甘いのはダメ!! カロリーがハンパないから。

その3 毎食必ず野菜はたっぷり!!

食べる順は野菜から

肉や油ものが大好きだから、毎食、野菜はたっぷりとってるの。おかずから食べるんじゃなく、まずは、野菜を片づけるカンジで食べるだけで、吸収が全然違うよ。

その4 根菜をよく食べる

ママの手作りきんぴらごぼう

気づいたら紅しょうがだったり、きんぴらごぼうとかよく食べてるよ。根菜には、体を温める効果があるから、代謝UPにもいいんだよね〜。

その5 おなかが減ったら、おにぎりか野菜ジュース

おなかが減ったらお菓子じゃなく、おにぎり1個と野菜ジュースを飲む。ちまちま、お菓子を食べてても、満腹感は得られないのにカロリーはスゴい!!

みちょぱのリアル1週間メニュー

MONDAY

朝は、移動中の車内でパンと野菜ジュース。夜は、野菜をたっぷり食べてからパスタを食べたよ。毎食、野菜は欠かさない!!

TUESDAY

朝、炭水化物を食べないと、1日がんばれないに!! 昼も夜も揚げものばっかだ!! シチューは、にんじんをゴロッと入れて、満腹感UP。

WEDNESDAY

朝はパンとサラダをたっぷり。お昼は撮影で、キムチ丼食べて、夜は友だちとお好み焼き。今日も、炭水化物いっぱい食べちったな〜。

THURSDAY

あさりのみそ汁は、体にしみる!! お昼は仕事先で、揚げものたっぷりの豪華なお弁当食べたから、夜は根菜の煮ものでバランスよく。

FRIDAY

お昼は大きなにんじんがゴロッと入ってるうどんに、五穀米の定食。夜は、くしカツ屋行っちゃった!! やっぱ、揚げものサイコー♥

SATURDAY

朝は、定番のおにぎりと唐揚げとサラダをたっぷり。夜は焼き肉定食に、ひじきやきんぴらごぼうの小皿をつけて健康的に♪

SUNDAY

朝はロールパンにヨーグルト。昼のパスタは、春野菜たっぷりにしてみた。夜は酒のつまみみたいなごはん。しょっぱいの好きなの〜。

BODY盛り 7

毎日のシメに R-1 を飲んで腸の中からキレイに!!

基本、めんどくさがり屋だから、話題の健康フードや美容系のサプリとかは、飽きちゃってぜんぜん続かないの。そんなウチでも唯一、毎日欠かさず飲んでいるのがR-1なのだーっ!!

その1 カゼをひかなくなった!!

昔は月1でカゼをひいちゃうくらい体が弱かったんだけど、R-1を飲んでからは免疫力がアップして、マジでカゼをひかない健康体になった♪ まわりがカゼで寝込んでもウチだけ大丈夫だったりとか、どんだけ最強だよ!!

その2 超快便体質になった!!

もともと快便体質だけど、R-1を飲むようになってからは便秘なんてしたことない!! 毎日のシメに1本飲んで寝るんだけど、調子いいときは、1日5回とか出るからね。

その3 ニキビが出にくくなった!!

超快便体質になって、老廃物を排出しまくってるおかげか、腸だけじゃなくお肌もいいカンジ♪ ニキビもここ1年出てないし、お肌の透明感もアップした気がする♥

味も大好き♥

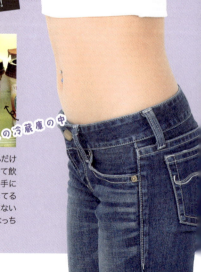

マジで箱買いするほど
ママもお兄ちゃんも
R-1にドハマり!!

実家の冷蔵庫の中

そもそも味が好きでR-1にハマったんだけど、ウチが飲んでたら、ママもマネして飲むようになって、最近はアニキまで勝手に飲んでる。もう、家族全員がハマってるから、箱買いして常備してるの。飲まないと調子出ないし、完全に手放せなくなっちゃったね(笑)。

BODY盛り 8

骨盤ショーツで外出中もゆがみを矯正!!

> 整体の先生に『体がゆがんでる』って指摘されて、骨盤の重要さに気づいた!!

ウチ、すごくネコ背だし普段の姿勢も悪いから、骨盤がゆがんでるみたいなんだ。先生に指摘されたり、ダイエット検定の勉強をするうちに、いかに体の中心にある骨盤が美スタイルをキープするうえで大事かって気づいたの!!

(骨盤がゆがんでいると…)

血液や → 新陳代謝の → むくみ、
リンパ液の循環 低下   太りやすくなる
が悪くなる

上半身と下半身を支える骨盤がゆがむと、血液やリンパの流れが悪くなって、老廃物もたまるし、新陳代謝も下がるしで、結果太りやすい体になっちゃう。これじゃ、どんなにダイエットがんばっても効果が薄いってワケ。

(骨盤ショーツをはいてのゆがみを調整すると)

血液&   → やせやすい → おなか&おしりも
ホルモン、 体に!!   シェイプアップ
新陳代謝UP

着圧ショーツをはくことで、整体やストレッチをしなくても、ゆがんだ骨盤を正しい位置に戻すことが可能。血液やリンパの流れがよくなり代謝がUP!!新陳代謝が上がり女性ホルモンの分泌も活発になっていいことだらけ♪

> へそ出しローライズでもOK!!

> タイトなスキニーでもインラインが目立たない!!

> 露出の高いスリムな格好でも、骨盤ショーツをはいてるのがバレない!!

つっても、おしゃれなのがなかったから、ウチがプロデュースしたのが

DOPE SHAPE 骨盤ショーツ

市販の骨盤ショーツはどれも大きいのが嫌で。DOPE SHAPE 骨盤ショーツは、計算されたサイズ感で、しっかり着圧しながら、ローライズやショーパンからもハミ出さないのが◎。いつでもファッションをジャマすることなく骨盤矯正ができるってワケ!!

黒とベージュの2種類あるから、白パンのインナーとしても安心。ゆがみの矯正だけじゃなく、パワーネットで下腹やおしりもキュッと引きしめてくれるよ!!

結論。みちょぱの体づくりのモットーは

よく食べ

よく笑い、

MICHOPA 10 METHOD

MIND

「ツンデレ」とか、「男っぽい」とかいろいろ言われるけど、まー、ひと言でいったら、お気楽なポジティブ野郎かな。恋愛以外だったら、何を言われても基本へこむことはない！！そんな強いハートのつくり方を紹介するよ。

鉄のハートの持ち主 みちょぱに人生相談

みちょぱマニアの相談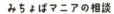

落ち込んだときにすぐ立ち直るには？
（すずぴぴ）

すぐ落ち込む人って1つのことを深く考えすぎてるだけだと思うから、何ごともポジティブに！「まあいっか」とかテキトーに考えれば、きっと寝たら忘れるよ！

人見知りはどうやったら直りますか？
（はるめろ…♥みちょぱまにあ）

話しかけられてうれしくない人なんていないと思うから、「どこに住んでるの？」とかテキトーでいいから質問してみたらいいよ。まずは、その人を知ろうとすること！！

好きな人には彼女がいます。どうすれないい？
（堀草）

ウチは人の幸せを壊すのは嫌いだから陰で応援しながら見守ってるけど…。もし、その彼が落ち込んでたら話聞いてあげるとか自分にできることはする！

見向きもしてくれない彼に振り向いてもらう方法は？
（にこ藤北信者）

きっとあなたの魅力に気づかないだけだからそんなやつ相手にするな。相手が後悔するくらいいい女になって、その人よりいい男つかまえて、なんであのときって思わせろ！

自分に自信がない人はどうしたら自信が持てるでしょうか？
（れいら♥みちょぱまにあ）

1人1人みんな違うよさあるはずだから、何かしら誰にも負けないってとこを探してみて。ナルシストって言われようと、「自分はすごい！」って言い聞かせるだけでもいいよ！！

ストレスの上手な発散の仕方がわからないよー。。
（るい）

自分のしたいこととして、そのストレスの原因がなんだったか忘れるくらい楽しめば、絶対ストレス発散できると思う！ ウチの場合は、イツメンとカラオケとかね♪

家族＆モデル・スタッフの相談

「どうしたら、結婚できるか？バツ2にはなりたくないので（笑）」
（みちょぱママ）

ママはもう年なのに理想が高すぎるから男が近寄ってこないんだと思う。いい男がいても再婚できる男じゃないのが多いから、とりあえず視野を広く見てみましょう（笑）。

なんでオレにだけ口調が強いんですか？
（モデル・けんけん）

そんなことない（笑）。けんけんは、同じにおいがする人間だからこそ、慣れてきて雑になってるだけ。だから、こそこそ信用してきて、心開いてる証拠ってことだ（笑）。

一石さんをナンパする意味がわからないって言ったみちょぱの言葉が忘れられません。私はどうすればいいでしょうか？
（POP編集・一石）

女性らしいところが何も見えない…。後ろ姿はいいんだけどね、前がねー。ナンパする人もビックリしちゃうよね（笑）。まずは、ちゃんとお風呂に入って清潔に。そんでノリをもっと女のコっぽくして！！

みちょぱをよーーく みちょぱって

地元の親友
ちぴたん

あねご肌的なかんじで相談は乗る側に見えるけど、実はめっちゃ乙女でそういう相談をしつこいくらいなんっ回もしてくる！(笑)「どっちがいいかな〜」とかの話はマジで長い！でも、そういうの見ると、うわ、こいつも女のコなんだなって思う(笑)。

地元の親友
かとみか

みちょぱは、しっかり者で裏表なくて何にでもズバズバ言ってくるタイプで、怒るときは怖いです(笑)。男気があって、いつも笑ってるけど、悩み事があると1人で抱え込むタイプで、あんまり人に相談しないからたまに心配なときもある。でも、乙女なところはとことん乙女。とにかく切り替えのできるギャル!!

地元の親友
はるさめ

みちょはとにかく白黒はっきりしてる！まわりをまとめるのも上手だしママみたいなかんじ！ダメなとこは容赦なく言ってくるし叱ってくれる！そこがまたいい！

Popteen
森編集長

芸能人表紙のときって少なからずPopteenの熱狂的な読者から「なんでPOPモデルじゃないんだ！」って怒りのツイートがあったりします。それで少し荒れた時期があったんですが、そのときみちょぱの「私が(芸能人よりも)人気があれば、表紙になれるはずだからがんばる！」っていうつぶやきに救われた気がして泣いた記憶があります(笑)。

モデルの後輩
れいぽよ

怖いってみんな思うけど、実はすっごくやさしいしピュアだし乙女だし。まわりに気つかってるし。いつも強い部分ばっか見せてるけど、本当は弱かったり(笑)。こんなに仲よくなれてなんでも話せてるママみたいな存在の人は誰もいません！みちょぱさんらぶらぶらぶらぶ♥

モデルの先輩
西川瑞希さん

みちょとは、6歳も年が離れてるけど、私がPOPを卒業した今もごはん行ったり仲よくしてる後輩ちゃんの1人。みちょが入りたてのときは「みずきちゃんみずきちゃん」って、いつもずっと後ろにくっついてきてくれて、撮影ではいつも一緒にいたね♥カッコいいイメージだけど、意外と甘えっコなとこや、女のコなところもあったりしてそこがすごく可愛くて癒やされてるよ♡♡♡ そして今も変わらず、みちょにはたくさんイジられるけどそれも好き♡笑♡

モデル仲間
ゆらゆら

はじめは恐ろしいし怖いけど、実はすっごくやさしくて誰よりもみんなに愛を持って接してくれます。いつもまわりに誰かがいて愛されてるのは、みちょがみんなに愛を持ってるからかなあと。ドSでいつもいじめてくれるのも、みちょなりの愛と、信じています。

Popteenデスク
一石沙永加

ドッキリ企画でのキレ方がハンパない！だいたいのコは泣きます。アツイ女で、意外と涙もろくて、乙女♥

知る14人が証言!!
実はこんなヤツ!!

マネージャー
原彩夏さん

笑いのツボがかなり浅い。すぐ涙流して爆笑してメイクガタガタになってる。ワガママで子どもなところも多いけど、意外と小心者で、気づかいなとこも多いかな。緊張しなさそうに見えてとても大事な場面になると、けっこう震えてる。そこが可愛い(笑)。

モデル仲間
けんけん

典型的な、本当に典型的なツンデレ。まわりに人がいるときはオレに対してめちゃめちゃ口悪いし、よくオレと口ゲンカするけど、2人で話すときはすごい話わかるヤツで、すげえいいヤツ。最初からその態度で話しかけろよボケって言いたいです。

モデル仲間
にこるん

17歳なのに精神年齢はもう大人!! 昔はケンカとかしてたけど、今では仲良しだし、人として大好き!! 乙女なみちょぱがいちばん可愛い! だが口が悪い…。

お兄ちゃん的存在
大倉士門くん

意外にも、本当に根っからの純粋で、うぶで、間違ってることは、しっかりと間違ってると言えるようなコ。人一倍努力家で、たくさん苦労もしていて。ゴリゴリの男みたいな一面、ぶりぶりの女のコみたいな一面、一流モデルとしての一面、子犬みたいな一面、本当に彼女ほど一緒にいておもしろい人は断ていないです。本当に文字どおりの変幻自在なすごい女性!! みちょの笑顔は、絶対人を幸せにするパワー持ってる!!

Popteenデスク
塚谷恵

ママ思い。ママへのクリスマスプレゼントにAYUのカウントダウンLIVEに連れて行ってあげてて、やさしいこだなって。そして、実は、意外と自分のことになると秘密主義。いろいろ怪しい…。

\ 貴重な池田ファミリーの /
3ショットを初公開!!

最後にママから!!
みちょぱママ
とにかく小さいころは寂しがり屋で甘えん坊で、頑固で負けず嫌いで…。今も変わらずですね…。小学生にあがるときまで指しゃぶりをしてたけど、「小学校あがるときまでね」って2人で約束して、ちゃんとやめたりと意志は強いと思います。最近は、私とほとんど性格や顔もかな?似ていて、自分を見ているようです(笑)。

脳内悪口変換法

ああ言われたら、こう返せ!!

口ゲンカは誰にも負けない!! なんか嫌なこと言われても、そのまま受け入れてへこむんじゃなく、ちょっと視点を変えてみれば、ぜんぜん平気になるから!!

ウザイ

どこが？ どこが？ 詳しく教えて。え？ それだけで、ウザイって言ってんの？

相手をつめることで、さらにウザがられて、相手ももう言ってこないっていうワザ。ま、こういうこと言うコイツもウザイんだが!!

調子のってんね

そういうこと人に言ってくるオマエが調子のってんね

中学の先輩とかにもよく言われてたけど、だいたい、こういうこと言ってくるヤツが調子こいてんだから!! 目には目を歯には歯を!!

ブス

仕方ないじゃん。この顔で生まれたんだから！

世の中にはもっとブスがいる。上には上がいるように、下には下がいる。今の時代、メイクでいくらでも隠せるし、気にすんな!!

ケバイ

好きでケバくしてんだよ、ワ・ザ・と!!

そりゃケバいよね。でも、盛れるしこのメイクが好きだからって、自信持てけー。アタシがケバくてあなたに何か迷惑かけてますか？

だらしない

どこがだらしないと思うの？ 直したいから教えて

悪口ととらえないで、助言ととらえる。アナタのことをちゃんと思って言ってくれているってこと。自分の行動を見直すチャンス。

ダサイ

自分が可愛いって思ってんだからそれでよくない？

ファッションとかメイクなんて自己満足なんだから。よくウチも言われるし、ゆらのに(笑)。

頭悪そう

勉強できないけど、バカなほうが楽しいよ

バカって言われてもウチは嫌じゃないけど。頭いい人なんて、堅苦しくて楽しくなさそうじゃん。バカなほうが何も考えずに行動できて楽しいって。

性格悪そう

悪いのかもね。でも、友だちいるから大丈夫だから

ウチもよく言われる言葉。性格悪そうって言われても、1人でも友だちがいる時点でOKじゃん。自分の性格をわかって一緒にいてくれる人がいるから、一部の人の意見に流されなくても大丈夫。

何を言われても動じない!!
鉄のハートのつくり方

他人に何か言われても、気にしない、上手に流す方法を教えるよ。
みんなも、グチグチ言ってくるヤツらの対処法に使って〜♪

POPで連続表紙だったときとかも「枕で、ここまできたんでしょ」ってネットで叩かれたことあんだよね。「いやいや、そんな簡単に股開かないから」って。どんなに否定しても、こんな見た目だから、ウワサを信じるコは信じちゃうんだよね。そんなことしてねーけど、それはそれで仕方ないと思う。だから、もうフルシカトするしかない。でも、そういう悪口って、ウチに見えない陰でしか言わないじゃん。面と向かって直接ウチに言えんのかって。もし、タイマンだったら、言ってこないのはわかってるから。絶対、負ける気しねーし。直接言えなくてビビってんだろ。その時点でキミらの負けだからって。直接、口じゃなく、LINEやツイッターでグチグチ言ってくるヤツらは、負けてんだよ。ネットとかでも「目を整形してる」とか言われたことあるけど、「あー、暇人なのね」って思ってた。でも、そんだけウチに興味があって、ウチの写真を見比べたのね。ウチのこと気になってしょうがないんだ。アタシのこと大好きでしょ!!って、悪口を脳内変換させるの。POPに出始めたころは、むしろアンチのコメントを、どんなこと書いてくるんだろって楽しみにしてたくらい(笑)。今日が「ブス」だったら、次の日はどんなこと書いてくるんだろうってワクワクしてたもん。

どうやったら「負ける気しない」って根性をつけるかっていうと、とにかく自信を持つことなんだけど。化粧でも、なんでも相手から1つでも勝ってるところを想像するとか。あとね、開き直りも大事!! 人それぞれなんだから、何か言われていちいち落ち込んでてもしょうがない。例えばブスって言われたら、「うん。ブスだよ」って。軽く受け答えて流す!! 心にとどめない!! 相手が言った言葉をいちいち気にしてたら、相手はそれでまた調子のるから。内心、むかつくって思ってても、表に出さないで、こっちが大人になって、相手がガキだなって思い込むのがいちばん!!

つねに、上から目線で「負ける気しねーから!!」って思い込む!!

小2までは泣き虫。
小3でガンたれる
ガキヤンキーに!!

小さいころ遊んだ神谷商店街

池田さんとこのコかい?

行きつけの駄菓子屋

おばちゃん覚えてくれてたの〜?

泣き虫小学生ヤンキーになる

　小学2年までは、本当に毎日泣いてばかりの気の弱い女のコ。あまりにいつも泣いてるから、先生に「これ以上に泣いたらミイラになるよ!!」って注意されたくらい(笑)。なんで、そんなに泣いていたかはわかんないけど、とにかく学校が嫌だったのは覚えてる。そんな気の弱いコが、小学3年から、どんどんヤンキー小学生になっていくんだ。キッカケは、小学2年のときに出会った1歳年上の金髪の女のコ。

よく学校サボってここのコロッケ買い食いしてた!

　親が怖いからなのか、学校の先生に注意されることもなく、堂々とヤンキーをつらぬく小3の先輩に、ウチはどういうわけか可愛がられて。ウチがいつも泣いてたから、先輩が気にかけてくれたんだよね。そのうち、その先輩がバックにいるっていう強さから、ウチも気が大きくなっていって、ヤンキー座りでガンつけたり、ケツアゲ、オニハンの自転車を乗り回したり、気づけば立派なヤンキー小学生へと急成長してた(笑)。

うまっ!!

　そのころから、急に性格も男っぽくなって、ジャンケンに負けたらケツ蹴りみたいな遊びを男にまじってやってたしね。当時、普通に女のコの仲よし4人組もいたんだけど、4人のうち1人をはぶるみたいなことやってたんだ。順番がまわってきてウチもはぶられたんだけど、ウチには金髪の先輩がいるから、ま、いっかって。女同士ってめんどくさいなって思うようになってった。

中学入学で部活に燃えるが、挫折…

　中学に入学するころは、やっぱ普通に学校生活もがんばりたかったから、バスケ部に入ってやる気マンマンだったんだけどね……。それがまた、女同士のめんどくさい人間関係に巻き込まれて3か月でやめちゃうワケよ。そんで今度はバレー部に転部するんだけど、またそこも3か月もたたずでやめちゃった。運動は好きだったから、マジメに部活がんばろうと思ってんのに、なんか見た目が1人GALっぽくて浮いてたからか勘違いされることも多くてね。もう、部活をやめた原因がなんだったかも思い出せない。中1のこ

商店街

母校の北区神谷中学校

みちょぱが来たで〜

字間違えてる…

机に向かうと寝みーな

ろは、部活もあったし、なんとか学校には通ってたけど、部活をやめてからは学校は休みがちに。学校をずる休みするようになって、他校に通うチッチと急速に仲よくなっていったんだよね。ウチの相方的存在になったのもこの時期。

中2でほぼ不登校。悪い仲間が増える

赤羽にヤンキーしか集まらない公園があるんだけど、中1の終わりくらいから、そこで他校のチッチとか地元の悪い先輩たちとつるむようになったんだ。夜中まで公園で遊んで、そのままチッチの家でオールして、そんで朝、眠いまま学校に行って保健室で寝るとか、そんな日々の繰り返し。学校も起きられたら行くみたいなカンジだったな。中2のころは、朝からきちんと学校に行ったことなんて、ほんと数えるくらいしかない(笑)。

他校のコと絡むようになったウチを見て、まわりに「調子に乗ってる」とか「生意気になった」とか言われるようになったんだ。ぶっちゃけ、ウチの学校、マジメなコばっかりだったから怖い先輩もいないし、マジで調子のってたと思う。中2の夏には、もう学区内のやんちゃなコたちは、攻め込んだカンジがあったか

ら、次は北区全域の悪さしてる人たちと絡むぞって。その人たちとつるむようになって、ますます家にも帰らなくなったよね。毎日のように荒川の土手でどんちゃん騒ぎして、警察に通報されて、チャリで逃げまわる日々。マジでリアルなドロケイ!! そんときから逃げ足だけは速かったから(笑)。

よその学校を舞台にママとのガチ喧嘩

それまでは、一応はママの言うことを聞きながら

学校サボっては土手で騒いで
警察と鬼ごっこの日々!!

遊んでたけど、中2の夏ごろからは、ママに「学校行け」って言われても、仮病を使ったりとか、ママが仕事で家を出るまでは様子をうかがいながら学校行くふりして、ママが出て行ったとたんベッドにもぐりこんだりとか。セーラー服で家を出て、そのまま学校には行かずに荒川の土手で夕方まで寝ちゃったこともあったなー。とにかくママに内緒でずる休みばっかしてたけど、それがだんだんバレてきて、ついに「学校行かないと携帯止めるよ」って言われたんだよね。携帯止められたら本当に死ぬぞって思ったけど、超反抗期

なつかしーな誰もいないけど

神谷中学校

学校サボって通った荒川の土手 / 全力で走ってみたり

荒川の土手

この土手でいろんな悩みを解決してきたな〜

ブランコも超乗ってた!!

ママに反抗してばかりのクソガキがモデルの仕事を通して、初めて一生懸命になれた。

だったから「止められるなら止めろよ!!」って強がってたら、本当に止められたの。ムカついて夜中に、ママのサイフからパクったありったけのお金と、つながらない携帯と化粧道具だけを持ってチャリで家出したんだ。行き先はチッチの家だったけど（笑）。家出した翌日、チッチの家で寝てたら、学校に行ったはずのチッチが担任の先生を連れて戻ってきてて、まだ寝ぼけてるウチを、無理やりチッチの学校に連れてったの。わけもわからずチッチの学校の図書館で待たされてたら、ウチの中学の副校長と学年主任とママが入ってきて、いきなりみんなの前でママにめっちゃビンタされたんだ!! ムカついたからママにやり返してやった。よその中学校で親子でビンタしあって修羅場だったね（笑）。そのあと夏休みに入って、ママに止められてガマンしてた髪の毛も明るく染めて、ピアスも開けて、夏休みの間はずっとチッチの家に泊まり込んでた。そんなある日、コンビニの前でたまってたら、たまたまママがそこを通って。はじめて髪を染めたウチを見たママは、ウチをビンタして「あんた、もう帰ってこなくていいよ」って言ったんだ。その当時がいちばん、ママに反抗してた時期だな〜。

1人ぼっちの卒業式

中3になり、Popteenにも出るようになったんだけど、最初はノリでモデルの仕事やってた。地元でオールして、次の日の撮影をバックしたり。そんなのを続けてたら、マジで干されるようになって…。このまま撮影に呼ばれずに終わるのがくやしいっていうか、カッコ悪くて…。ママや地元の友だちに「またやめたの」って言われるのが嫌だったから。そんで、今まで部活も習い事も3か月ともたなかったウチが、はじめてモデルの仕事をがんばろうって思うようになったんだ。やんちゃなヤツらとは相変わらずつるんでるけど、ちゃんと次の日の撮影を考えて、早めに帰ったりしてたね。

学校のほうはというと相変わらずサボりぎみで…。このままじゃ卒業できないって言われて、1人だけみんなが下校した夕方6時とかに学校に行ってプリント授業したり、先生に進路の相談をしたりしてた。だけど、結局、みんなと一緒に卒業式に出ることはできなくて…。ウチだけ、みんなが帰ったあとに別室で卒業式をしてもらったんだ。本当は、卒業式なんてどうでもいいやって思ってたけど、実際、先生に卒業証書を渡されたときは、とりあえず卒業できてよかったなとは思ったよ。

中学卒業から2年たつけど、ウチ、もう悪ガキじゃないよ。ママともゲスい話ができるくらい超仲よしだし。あのころの自分を振り返って、いろいろやんちゃしてきたけど、何も後悔はしてない。全部自分だし、あのころのウチがいなかったら、今のウチはいないし。楽しかったもん。そのときはそのときで。だからすべてオッケーっしょ!!

特別企画 梅澤先生と思い出トーク

神谷中学校の恩師

ウチのやんちゃ時代を語ったところで、最後に母校・神谷中学校でお世話になった梅澤先生をお招きし、当時を振り返ったよ。

先生、2年ぶりだね

"みちょぱ"ってなんだよ!?

梅澤先生
教師生活8年目の31歳。みちょぱのお兄さんの担任だったことから池田ファミリーをよく知る人物。今回、みちょぱの担任ではなかったが、本人たっての希望で、梅澤先生を対談のお相手にご指名!!

先生より身長伸びたよ

ウソつけ!!

みちょぱ(以下み)「先生、結婚したんでしょ〜。おめでとー」
先生「というか、池田、有名になりすぎじゃないか？ マジでどうした？ 高校は通ってるのか？」
み「ほとんど行ってないね(笑)」
先生「なんか別次元の人としゃべってるカンジがするけど、中身はまったく変わってないな。バカなところとか(笑)」
み「バカじゃないよ〜(笑)」
先生「というか、なんだよ"みちょぱ"て!! 突然、『みちょぱとの対談をお願いします』って取材依頼の電話がきてビックリしたよ。"みちょぱ"ってなんだよ、池田だろオマエは!!」

み「今回ね、ウチの担任ではなかったけど、梅澤先生と話したくて呼び出したの(笑)。先生と仲よくなったのは、私がよく授業サボって保健室に通ってたころ、よく先生も保健室にいたんだよね」
先生「保健室には、学校に来ても、授業に出られないコたちが集まってくるんだけど、そういうコたちに学年指導だけじゃなく、アプローチできないかと思って話しかけたんだよね」
み「ほかの先生とはぜんぜんしゃべってなかったけど、梅澤先生には心を開いてた。だってノリがよくて先生っぽくなかったから。友だちみたいなノリで普通に話せたんだよね」
先生「池田の場合は、家に帰ってこないとか、ほかの中学の悪いヤツらとつるんでいる

> **ねーねー、先生ウチのこと好きだったでしょ!?　2年ぶりに会ってどうよ?**

とか、渋谷に行きまくっているとか。そういう面で生活指導をすることが多かった」
み「ほかの生徒がマジメすぎて、ちょっとしたことでも目立っちゃっただけ!!」
先生「学校に来ないとか、勝手に髪を染めるとか。手間のかかる生徒だったのは事実。化粧もするしな。それで、お母さんが、なんとか池田を学校に連れてきてくれるんだけど『いやぁ～～帰る!!』って騒いだりもしてたね」
み「ほんとに帰りたかった。でも梅澤先生に、ピアスとか化粧とか見た目のことで注意されたことはないんだよね」
先生「それは学年で指導しているから、ボクがその次元で池田に注意してもしょうがないから。それより

> **キレイになったと思うけど中身がバカなところとか全然、変わってないね!!**

は、池田のお兄ちゃんもお母さんも知ってたから、『最近どうなんだ』って話しかけるようにしてた」
み「アタシのこと好きだったんでしょ?(笑)」
先生「いやいや!!　ただただ心配だったんだよ。『高校に入ったらモデルの事務所に入る』って聞いて、『本当かよ?』と。だから、高校もモデルの仕事がダメになったとしても専門まで行ける学校を紹介した。まさか、こんなに早く芽が出ると思わなかったから(笑)」
み「モデルとしてやっていけると思った?」
先生「お母さんに似て顔は確かに整ってると思うけど、中身がこんなだからね(笑)。モデルもたくさんいるから、芽が出るのに3～4年はかかるかなと思ってたのが、あっという間に有名になって。初表紙っていうネットのニュースを見たときはビックリしたね」
み「ねーねー、ウチのいいところもっと言ってよ。運動会とかはがんばってたでしょ」
先生「うーん。いちばんいいことは人柄じゃないか」
み「おお。そこ詳しくほめていこう!」
先生「なんか悔しいな。池田に先導されてほめなきゃいけないのが悔しくてしょうがない!!　でも、まぁ人柄はいいからまわりに人は集まってくるだろうし、悪いヤツではない。持っていき方によっては、ちゃ

んと学校も来てただろうし」
み「もっと、ほめて!!」
先生「運動もそこそこ最初のころはがんばってたし、やればできるコなんだろうなって。ただ、勉強がね…。目も当てられない(笑)」
み「え～～!!　中1のころは、国語4とか取ってたからね!!　3年のときは、1も取れなくて斜線だったけど。てか、2年ぶりに会って、ウチ成長した?」
先生「中身は変わらないけど、キレイになったとは思うよ」
み「でしょ!!　身長も伸びて先生を追い越してるから!!」
先生「それはない!!」
み「将来、ウチにどうなってほしいとかある?」
先生「このまま高校で終わってほしくはないね。でも、モデルの仕事をがんばってて本当によかったなと思う。今回、ボクのとこに対談の話を持ちかけてくれたけど、池田のことをいちばん気にかけてくれたのは担任の先生なんだよ。ボクよりも『モデルの仕事大丈夫かな?』ってすごく心配してたし。こうやって2年たって、池田の成長した姿を見られてボクもうれしいし、担任の先生にも伝えたい。これからも池田は、いろんな人のお世話になっていくんだよ。そういうとき、お世話になった人にきちんと恩を返していければ、自分としても成長できるし、いい大人になっていくんじゃないかと思うよ」
み「なに、締めのいい言葉言っちゃってんの?　25歳までには結婚するから、結婚式には来てね」
先生「え――!!　ヤダよ(笑)」

> TGCとかも出てるんだよ
> なんか知らんがスゴイな!!

Michopa QUESTION! 100

好きな食べ物から、はいてるパンツの色までドトーの質問攻め!!
おしゃべり大好きだから、思わずよくするHな妄想まで答えちゃったし!!
これで、池田美優がわかりまくるハズ♪

001 自分の性格をひとことで言うと?
男ときどき乙女。基本自由だけど、いろいろ考えてるよ。

002 長所は?
ポジティブなとこ。引きずらない。

003 短所は?
口が悪い。めんどくさがり屋。

004 自分を動物で例えるとしたら?
ツンデレだからネコ?

005 みちょぱを漢字1文字で表すと?
「笑」。笑うことも好きだし、笑わせることも好きだから。

006 いちばん古い記憶は?
たぶん2歳くらいのころ。浜松の友だちとブランコを取り合ってた(笑)。

007 みちょぱにとってママってどんな存在?
恋愛や美容の話もできるし、仕事も一緒だし。友だちみたいに、ウチのすべてを知ってる。

008 みちょぱにとってお兄ちゃんは?
昔は仲よかったけど、中2の正月に殴り合いのケンカをして以来仲悪くなった。ウチの財布からお金を盗もうとしたしね(笑)。ウチのことを友だちに自慢しないでほしい。

009 みちょぱにとってお父さんは?
離婚してからもお正月は静岡に帰って年に1回は会ってる。いつか、地元の静岡でイベントとかやって、こんなに成長したってところをパパに見てもらいたい。そして、泣け!!

010 小さいころよく遊んでたことは?
シルバニアファミリーとかおままごと。

011 好きな食べ物は?
肉、米、柿ピー、せんべい、にんにく、パスタ、チーズ、ピザ…。いっぱいある。

012 嫌いな食べ物は?
なす、ピーマン、魚。

013 料理はできる?
やろうと思えばできる!! やらないだけ。

014 好きな色は?
黒、白、濃いピンク。

015 嫌いな色は?
パステル。黒肌に合わない。

016 好きなニオイは?
小さいころからずーーっと使ってるボロボロのタオルケットのニオイ。ママからよく「干しな」って言われても、太陽のニオイになるから嫌なの。捨てられない。もはや精神安定剤。お嫁に行くときも持っていくし!!

017 嫌いなニオイは?
最終の満員電車のよっぱらいのニオイ。

018 尊敬している人は?
益若つばさチャン。メイクや洋服もプロデュースしてるし、GAL文化を流行らせた人だから。

019 好きな芸能人(男)は?
佐藤健クン。ネコみたいで可愛い!! ママと2人でファン。

020 好きな芸能人(女)は?
AYU。存在感がカッコいい!! 永遠に好き。

021 よく見るテレビ番組は?
終わっちゃったけど『ラストキス 最後にキスするデート』。いつも見ながら胸キュンしすぎてニヤニヤが止まらなかった。もし、出演依頼がきても絶対、

出られない。だってウチ、好きな人としかキスできないもん!!

022 好きなお笑い芸人は?
ノンスタイル、ハライチ。

023 みちょぱのまわりでイチバンオモシロイと思う人は?
大倉士門クン。しゃべっててもオモシロイし、場をいちばん盛り上げてくれる。さすが関西人。

024 よく聴く音楽は?
アイドル、アニソン、ビジュアル系以外ならなんでも聴く。カラオケはAYUならなんでも歌える。

025 ぶっちゃけ頭はいい?
勉強はできないけど、悪知恵は働く。

026 好きな教科は?
強いて言えば国語。文章力はあるほうだし。

027 嫌いな教科は?
数学、理科、美術。まったく意味わからないし絵心もない!!

028 学校で習ったことで覚えてることは?
勉強は全然覚えてないけど、先生に『そんなに泣いたら、ミイラになるよ』と言われたことは覚えてる。

029 記憶力はいいほう?
記憶力はいい。ケンカしたこととか根にもたないけど、何を言われたとかは、全部覚えてる。

030 運動神経はいいの?
いい!! 中学のころはバスケ部だったし、運動会も大好き♥

031 直したいクセは?
唇を噛んでハムハムしちゃう。しゃべってるときに落ち着きがない。ジッと座ってられない。耳たぶを触る。

032 クチグセは?
「それなー」「マジ、ウケんだけど」

033 宝物は?
TDSに行ったときにGETしてもらった特大ダッフィー。毎日ベッドで一緒に寝てるウチのソフレ♥

034 友だちは多いほう?
信用してるコは少ないけど、友だちは多いほうだと思う。LINEの登録人数は192人。サークルやってたころは400人いた。

035 友だちの中でのポジションは?
みんなの相談事の聞き役。イベントの幹事とかも頼まれるし、よくママっぽいって言われる。あと、口は堅いから「言わないでね」って言われたことは絶対言わないし、人は絶対裏切らない。ま、「言わないで」って言われなかったら、言っちゃうけど〜(笑)。

036 いちばん、LINEでやりとりしてる人は?
POPモデルのニコル。

037 ケータイの画面は?
AYUの後ろ姿。

038 LINEと電話どっちが好き?
大切な話は電話が多いかな。暇LINEはあんましない。未読も多い。

039 インスタやブログをよくチェックしてるのは?
ローラさんやダレノガレさんのインスタはよくチェックしてる。ダレノガレさんのネコがめっちゃ可愛いの。

040 なんで、そんなに男前なの?
素。気づいたらこうなってた。理由はわからないけど、小2くらいから男友だちが多かったし、兄貴もいたからかな。自分の理想の男を自分で演じているのかも。

041 精神年齢は何歳だと思う?
はっちゃけるときは17歳。大人と接してるときは20歳はヨユーで超えてる。

042 ぶっちゃけ自分のことエロいと思う?
エロいほうだとは思う。

043 妄想ってよくする?
エロい妄想は妊娠するくらいしてる(笑)。両手をつかまれて、ベッドに押し倒されてチューされたりとか…。そのあとの展開は言えない(ニヤニヤ)。よく友だちとも、「そのシチュエーションいいね」とか「その言葉攻めヤバイね」って、お互いのエロ妄想を発表し合ってる。

044 弱点は?
お化けが無理!! 見たことはないけど心霊スポットに行って存在を感じたことはある。怖がりだけど、心霊スポットとかは好きなんだよね〜。

045 意外な一面を教えて
好きな人と寝るときは小指を持って寝る。あと、小さいときから使ってる同じタオルケットがないと眠れない。眠るときは赤ちゃんに戻るみたい(笑)。

046 恥ずかしいことってある?
恥ずかしいって感覚があんまないけど、強いて言えば電車の中で寝落ちしてて、目的の駅で焦って起きてドアまで行ったのに、降りそびれたとき!! まわりの目がつらい。

047 今まででいちばん悔しかったこと。
う——ん、あんまないな。負けず嫌いだけど、それを態度に出さない。そのうち、その悔しい気持ちは忘れてる。

048 出没スポットは?
渋谷のSBY、地元、九段下。

049 街でみちょぱに会ったらなんて声をかければいい?
「みちょぱサンですよね?」って、名前を言ってほしい。「モデルさんですよね?」はウチのこと知らないで声かけてるみたいで嫌だ。

050 もらってうれしいものは?
ファンのコからだったら、イベントに来てくれるだけでうれしいから何もいらない。好きな人からだったら、手紙でもお古でもなんでもうれしい。

MICHOPA 100 QUESTION!

051 逆にもらっても困るものは？
生物とか、お花とか。腐ったり枯れたりしてもったいないもの。

052 1年の中でいちばん好きなイベントは？
自分の誕生日!! 好きな人と過ごせるなら、ファミレスで一緒にいるだけでいい♥ って今、そんな相手いないけど…。

053 何をしてるときがいちばん楽しい？
人としゃべってるとき。**おしゃべり大好き!!** つき合う男も寡黙な人とかキョーミない。同じくらいおしゃべりな人がいい!!

054 1日の平均睡眠時間は？
休みの日は15時間。仕事のときは4〜5時間。

055 今までの人生で最高何時間寝た？
21時間眠り続けた。目覚ましがなければこのくらい眠れる!!

056 時間は守るほう？
まあまあかな。許される人には超ルーズかも。でも、遅れても30分。反対に、好きな人に5時間待たされたことある。

057 UFOとか妖怪の存在って信じる？
信じる。逃げると思うけど、宇宙人には会ってみたい!!

058 朝、起きてまずすることは？
ケータイでLINEチェック。

059 意外な趣味ってある？
少女漫画集め♥

060 みちょぱと友だちになるには何をすればいい？
ノリよくカモ〜〜ン!! ネコをかぶられるのは嫌。とにかく素で接してほしい。

061 みちょぱをオトすには何をすればいい？
そう簡単に落とせないよ。自分から好きにならないと無理だから。

062 毎日欠かさずしていることは？
ブログ更新。最近、マジメに毎日更新してるよ。

063 今、はいてるパンツの色は？
基本は黒。たまにピンク×ヒョウ柄。白×ヒョウ柄。よく、ニコルに「パンツの面積せま!!」って言われる。

064 最近あったオモシロイことは？
毎日、笑いすぎて覚えてない。

065 最近、怒ったことは？
後輩の礼儀がなってなくて怒った。つっても、3割くらいの力でね。

066 キレるとどうなるの？
そんなにガチギレすることはないけど、感情が高ぶって涙目になって、めっちゃ早口になる。そんで、胸ぐらをつかむ。

067 泣くことってあるの？
恋愛系でしか泣かない。寂しくなってわけがわかんなくなって泣く。だけど、まわりに『大丈夫？』って聞かれても『平気』って強がっちゃうの。そんでいつも1人で泣いてんの。恋愛に関してはダメダメ。

068 最近、悲しかったことは？
ない!! 毎日HAPPY!!

069 どん引きすることってある？
何があってもそんなに引かないよ。オナラ、ゲップ、鼻くそほじるはOK。仲いいコだったら、鼻をほじるのにウチの指を貸すこともできるし(笑)。

070 みちょぱをよろこばせるには何をすればいい？
暇なときに、すぐに呼んだら集合してくれる。

071 病んだらどうなるの？
恋愛でしか病まないけど、基本は、部屋を暗くして病むだけ病んで、寝たら忘れる。昔はよく、家の近くの土手で病みながらたそがれてたな〜。

072 心に残ってる言葉。好きな格言は？
AYUの歌詞は心に刺さる!! 例えば、『No More Words』の『もしも、この世界が勝者と敗者の2つがあるなら、ボクは敗者でいい』や『Real Me』の『戦いもせずに癒やし求めるもんじゃない』とか。それなって思った歌詞は、よくインスタで上げてるよ。

073 今までで言われてイチバン傷ついた言葉は？
何を言われてもそんなに傷つかない。見た目で判断されることは嫌だけど、中身知らないもんねってなる。でも、「くそガキ!!」って言われたときはムカついたけどね。

074 今までで言われてイチバンうれしかった言葉は？
外見よりも中身を『可愛い』って言われるほうがうれしい。好きな人からだったら『一緒にいて楽しい』とか『落ち着く』とか。

075 理想の胸キュンシチュエーションは？
ドSな男が好きだから、いきなり腕をグイって引っぱられて抱きしめられるとか。床ドンとかも好き。ベッドに両手を押さえつけられたりとかね(笑)。

076 悩み相談は誰にするの？
相談事はあんまり人にしない。自分1人で考えて解決してから、人には報告するかな。自分の中でまとまってない話をするのは苦手。

077 緊張するタイプ？
テレビとか、まだ慣れてないはじめてのことをするときは「どうしよう、どうしよう」って、ド緊張するタイプ。

MICHOPA 100 QUESTION!

078 ここだけの秘密の話をおしえて。
基本、なんでもさらけだしてる。
恋愛系の深い話は、本当に信用してるコにしか話さない。

079 大人になったなと思うことは?
昔は、けっこうキレてたけど、最近はケンカするのもめんどくさくなったからキレなくなった。巻き込まれたくないっていうか、平和主義になって、いろいろ流せるようになった。

080 好きな彼ができて、GALやめてって言われたらどうする?
無理!! やめられない。
彼をGAL好きに矯正する。

081 みちょぱがGALを卒業するときってどういうとき?
外見的なGALは、10代のうちにバイバイするかもだけど、**マインドは一生GAL!!** 20代まであと3年あるから、GALやりまくる!!

082 体を触られていちばんくすぐったい所は?
おなか。言うほどくすぐったがりではないけど。

083 最近、見た印象的な夢は?
スリの集団に囲まれて、だれかに助けられた(笑)。

084 最近、知って驚いたことは?
マルゲリータは、形が丸いからマルゲリータだと思ってた。長方形のマルゲリータが出てきて、頭が混乱したし(笑)。

085 今の総理大臣はだれ?
………アベノミクスさん。

086 社会情勢で気になることは?
マイナンバーってなんですか?

087 自分が政治家になるとしたら、どんな法律をつくりたい?
浮気したら刑務所行き!!

088 ちなみに、どっからが浮気?
異性と2人っきりでごはんは無理!! あと暇LINEとかも嫌〜!! ウチもヤキモチはやくけど、相手からも嫉妬や束縛をされたい人。愛情を感じるじゃん。

089 最近、怒っていること。
未成年を年齢で縛らないでほしい。しょっちゅう警察に職質されるんだけど、17歳って言ってもなかなか信じてもらえない。んで、すっぴんの学生証とか見せても『顔が違いすぎる!!』って言われて結果、信じてもらえない…。

090 今、地球に足りないものって何?
ノリ!!

091 10年前の自分にひとこと言うならなんでそんなに泣いてるの?

092 10年後の自分にひとこと言うなら
幸せですか? 赤ちゃんいますか? つけま卒業してますか? カラコンはふちありですか?

093 願いがひとつだけ叶うとしたら何をお願いする?
時間が欲しい!! 1日30時間くらいあったら、もっと遊べるのに〜。

094 透明人間になったら何がしたい?
好きな人がいたとしたら、家で1人で何をやってるのか見たい。

095 これだけは、ほかのPOPモデルに負けないっていうのは?
うんこの出る早さ!!

096 男だとしてPOPモデルの中でつき合いたいのは?
ゆみちぃチャン。顔が超タイプ。小ちゃくて抱きしめたい!!

097 逆にコイツだけは無理っていうのは?
ニコル。料理、洗濯できないし、髪の毛がビショビショのまま寝るから(笑)。人としては大好きだけど!

098 POPモデルの中で、いちばん初対面とギャップがあったコは?
みにゃとっちチャン。超GALでパリピイメージだけど、実際会うと人見知りで謙虚で、すっごいいい人だった!!

099 自分がPopteenの編集長になったとしたら何をしたい?
ファンシー系の企画を全部やめる。シンプルでおしゃれなページを増やして、中学生モデルはクビ!!

100 今回、スタイルBOOKを出すって聞いたとき、まず思ったことは?
今のタイミングなのか!!

"寝る"ってことを愛してる。結婚したいくらい!!

ひと目ボレはしない!!

イチャイチャしながら意地悪なこと言われるのがたまらない!!

胸はよくAって言われるけどBはある!! もしかしたらCかもしれない!!

やっぱ地黒がいい!! 日焼け止めなんて塗ったことない!!

みちょぱの心が スカッ

人生テキトーに!! 少しマジメに生きて、何事も楽しむ。とりあえずいつでもポジティブにいることが、自分らしくいるためのこだわり!

人から気に入られたいって思わないから、媚びも売らないし、ムダにほめたりもしない。

生まれ変わっても

無人島に3つしか持っていけないとしたら、ケータイ、ケータイの充電器、ケータイの充電器を充電する充電器。

鍛えた腹筋は、見せるためにある!! もはやファッションの一部!!

小5でGALメイクしたとき、鎧（よろい）をつけたように強くなった。

夜、眠れないときは、『真っ白の部屋にぽつんと立ってる自分』を想像すると眠れる。

だれかを目指したりマネはしたくない!!

ウチは絶対メソメソしない。だって、下向くのって時間のムダ。

今は、ただ目の前にあることをやり遂げるのみ。立ち止まらずに突っ走れば、きっとまたいいことがあるから。

> 今まで、ウチが発言してきた、数々の名言？をまとめてみたよ。っつても、ただの欲望でしかない言葉もあるけど～。
>
> **とする格言集**

「コンプレックスは？」って聞かれていつも困る。だって、ないんだもん!!

夏は、外歩きながら焼きたいから裸同然の格好で歩いてる!!警察にガン見されるけど～。

女のコは男よりも男らしくいるべき。じゃなきゃ、やってらんないでしょ（笑）。大事なのは気合いと根性だよ!!

みちょぱがいい!!

自分の人生なんだから、自分で決めればいい。他人からのマイナス感情に左右されるとか、マジないっしょ!!

パンツの面積は狭いほうが好き♥

MICHOPA 11 METHOD

LOVE

今まであまりプライベートなことは語ってこなかったから、
よく、恋愛に関して「秘密主義者」って言われてきたけど…。
今回は、本ってこともあって、はじめてすべてを語ってみたよ。
恋愛になると超乙女になっちゃう、ウチの意外な一面をごらんあれ♥

みちょばをつくる3つのSTORY3

乙女な恋の物語

はじめての彼氏は束縛の激しいトビ職

　はじめての彼氏は、ウチより4コ上のトビ職の人。中学2年のときの、地元の夏祭りで出会ったんだけど、翌日には電話で告られた(笑)。最初は断ったんだけど、1週間、毎日のように告ってきたから、まあいいかと思ってつき合ったんだよね。いざ、つき合ってみたら、「友だちよりオレでしょ?」みたいなかんじで束縛の強い人で、友だちとも会わずに、ずっと彼と一緒にいたんだけど…。それがだんだんストレスになって、1か月で別れちゃった。
　ウチ、それまでGALになることばかりに夢中で、恋愛には、あんまり興味がなかったんだ。ちょっと気になる人はできても、"好き"って気持ちになるまでは発展しないの。本当に恋愛体質ではなかった。むしろ、相手から一方的にアピールされると、「マジ無理!」みたいになって引いちゃうん

だよね。でも、初彼のときは、浮かれてたのかも。メイクして可愛くなって、告られてる自分がうれしくて。あと、彼がヤンキーだったのもよかったのかな〜。

はじめて好きという気持ちを知ったイケメン君への恋

　初彼のときにも思ったけど、やっぱりウチは、自分から好きになんなきゃ嫌なんだよね。そう気づかせたのは、プールでナンパされた1コ上のイケメン君。みんなとワイワイ遊んでいくうちに彼のことが気になる存在になっていった。向こうもウチに気があるのがわかって、しばらく両思いかなってときが続いて。今日こそ告られるかもって日に、なんと彼はウチの目の前で、スケボーでケガして救急車で運ばれてった!! そんなドタバタで、告白されることもなく、タイミングを逃してたら、いつの間にか恋が終わってた…。

ずっとGALメイクにばかり一生懸命で、中2まで恋したことがなかった――。

チャラいサー人に、少年院入っちゃう男…。
いつもドSな男にハマっちゃうんだよね。

超ドSのサー人に振り回される!!

JCサークルの総代表をやってたころ、渋谷のメッカ前でサー人がたまってる中に、超イケメンがいたんだよね。すごい黒肌で身長も高い細マッチョ。オラオラ系の見た目で、長い脚にはタトゥーも入ってた。その人が仕切る集まりにウチらも呼ばれたんだけど、とにかく顔がタイプだったんだ。それで、その集まりをキッカケに、いつの間にか彼とつき合ってた！

てゆーか、その人、すごいドSなの!! ウチに、すごいキュンキュンするような意地悪なことを言ってくるわけよ。そんときかな、Sっ気のある男が、めっちゃウチのツボなんだって知ったのは。それまでは、年上のヤンキーたちに囲まれて、みんなウチの言うことはなんでも聞いてくれるし、ずっと男の人にちやほやされることに慣れてたんだよね（笑）。それが、はじめて男に振り回される側になって、新鮮だったのかな。彼に呼び出されて、外で5時間も待たされたこともあるからね。それでも、少しでも彼に会いたいと思った。嫌われるのが怖くて、そんときは、素も出してなかったから。と言っても、突然、彼から連絡がこなくなって1週間で別れることになったんだけどね!!（笑）

つき合ってた彼が
少年院に入っちゃった!!

ヤンキーのたまり場だった地元の公園で出会ったのがキツネ顔の彼。ウチのこといじってきたり、でも、やさしいところもあったり。イケメンじゃなかったけど、そんなSっぽいとこにひかれて徐々に好きになっていったんだ。彼のほうも、ウチに「好き好き」言ってきたけど、逆にウチが冷めちゃったり。そんなのを繰り返してた。そんなとき、彼は人とケンカをして相手をケガさせちゃったの。

でも、それから2か月くらいは何ごともなく、ウチの気持ちも彼に戻ってきて、それで彼とつき合うことになったんだ。そのとき地味にモデルの仕事もしてたけど、毎日のようにお互いの家を泊まりっこしてた。そんなある日、別れは突然やってきた。しかも、強制的に!! 彼は仕事で先に家を出て、ウチだけ家で寝てたの。そしたらチャイムが鳴って、ドアを開けたら警察官が立ってて「彼はいるか？」って聞くんだよね。これはヤバイと思って、警察が帰ってからすぐに彼に電話したんだけど、仕事中でつながらなくて…。休憩のときにやっと連絡がきたんだけど「待っててほしい」って彼に言われて、泣きながら話した。でもその電話を最後にいっさい彼とは話せてないの…。だって、そのまま傷害事件で逮捕されて少年院まで入っちゃったんだもん。

こんときは、本当に毎日会いたいくらい、彼のことが好きだったから、突然会えなくなった寂しさと不安でパニクったよね。しかも、1年なのか2年なのか、いつ少年院から出てこられるのかもまったくわからない状況だったから。たまに彼のお父さんを通して、「モデルの仕事がんばれ！」って伝言とかはもらってたけど…。

半年くらいは、彼が少年院から出てくるのを待ってたんだけど、モデルの仕事が忙しくなってきたり、地元の先輩たちと遊んでいるうちに、彼のことを何も考えないようになってた。そのうち、いつ出てくるかもわからない彼を待たなきゃいけないのがつらくなってきたんだ。それで、彼のお父さんに電話して、「そろそろ解放してほしい」って話をしたら、「オマエが待ってると思ってるから、アイツはがんばれてるんだ!!」って。そんなこと息子に伝えられないって、責められたんだよね。今は、彼もう少年院を出てきてるみたいだけど〜。待てなくてごめんなさい。

はじめてウチが告白した男

　まだ、少年院に彼が入ってたころ、出会ったのが4人目の男。最初はチャラそうって思ってLINE聞かれても断ってたんだ。それで、あんま絡んでなかったんだけど、当時、つき合ってた彼が少年院に入ったときに、いちばん心配してくれたのがその人で。普通に話してみたら、ノリがよくてやさしくてオモシロイ人だった。お兄ちゃん的な存在で、もっとこの人と一緒にいたいなって。気づいたら好きになってた。それで少年院の彼とはケリをつけて、人生ではじめての告白をしたの。その人に!!
　夜中に彼を土手に呼び出して。でも、告白なんかしたことないから、1時間くらいなかなか言えなくて。向こうも「何、もう帰るよ」ってなっちゃって。呼び出してから2時間たって、やっと「好きです」って言えたんだ。もう、照れすぎて彼の顔は見られなかった。本当に、自分の気持ちを伝えたのがはじめてだったから。
　その人とのつき合いが、そのあと1年2か月も続いたの。
　つき合ってからは、本当に、何よりも彼のことを優先してたし、毎日一緒にいたくて、ほぼウチの家に彼が居候して半同棲状態に。早い段階で友だち感覚になりすぎて、その人にキュンキュンすることはあまりなかったかも。部屋を汚してもなんにも言われなかったし、ケンカだって2〜3回しかしたことない。すごく彼がやさしくて、ウチも素が出せたんだよね。とにかく一緒にいて楽だったんだ。
　そんなやさしい人となんで別れたのかというと、ありがたいことに、ウチの仕事が忙しくなってきたんだよね。仕事で2〜3時間しか眠れないときも、彼は家にいるわけ。で、疲れてこっちが寝てるのに、カマチョとかしてくるの!! ま、彼も寂しかったんだと思うけど、マジ腹が立ってきて。彼が家にいることがジャマみたいに思うようになってった。
　そのうち、彼もウチより友だち優先みたいになってきて、ウチに隠し事することもあった。内心「なんで？」って思ってた。そんなこともあって、ウチも、モデル仲間とのつき合いのほうがオモシロくなってったんだよね。なんか世界が広がったというか、刺激的だったんだ。ウチが、どんどんほかの楽しみを見つけて、このつき合いに飽きてることに彼も気づいて。それからは、雨の中びしょぬれになって家の前で待ってたり、彼もウチの気持ちを引き止めようと必死だった。
　それで1回、初心に戻るためにも、1か月間彼と別れて距離をおくことにしたんだ。
　その間も、家の下で待ってて後ろから抱きつかれたりしたけど、ほぼ無視して…。1か月後、一応ヨリを戻したんだけど。結局、ウチはますます彼に冷たくなってた。最後は、ウチの部屋で体育座りで2〜3時間ずっと泣いてるのを見たときは、先に変わったのそっちじゃん!! って思った。
　でも、今は彼女もいて幸せそうだけど!!

いちばん長くつき合った彼との別れは、涙、涙だったよね。あっちが…。

**彼氏がいなくても、
いつだってキュンキュンしてたい♥**

　いろいろ語ってきたけど、ウチって、振り回されるくらいが好きなんだと思う。デートもいろんな所に行きたいし、同じことの繰り返しは嫌なんだ。いつでも刺激が欲しいの!! そういう意味でも、やっぱりドSな男に弱いんだよなー。自己中じゃなく、愛があるSね。イチャつきながら意地悪されるのが最高!!

　それにね、一度好きになると、1分でも彼と会えるチャンスがあるなら、そっちにかけつけて、寝る時間を削ってでも、友だちとの約束をドタキャンしてでも、男のほうに走っていっちゃうの。だって、会いたいんだもん!!

　料理とかをつくるタイプではないけど、愛情をたくさんあげて彼を安心させたい。とくに、こんな見た目だから、ビッチって言われるんだけど、そんなことないってわかってほしい!!

　今、彼氏はいないけど、毎日、キュンキュンはしてたいんだ。一緒に寝るだけでもいいんだ。あ〜〜、ソフレがほしい♥

まじで!!

心が小6から成長してないです

キンチョーしすぎておしっこもれそう!!

ゲッターズ飯田さん
芸能界最強の占い師として4万人を超える人々を占う。著書に『ゲッターズ飯田の運命の変え方』(ポプラ社)、『ゲッターズ飯田の開運ブック』(講談社)など多数。

ゲッターズ飯田さんにウチの将来を占ってもらった!!

今まで、占いは超興味あったのに、1回もやったことないの!!
人生初の占いを大好きなゲッターズさんにしてもらえるなんてサイコー!!

みちょぱってこんな人

理論と理屈が基本好きなので、すぐ「なんで？」「なに？なに？」という、探究心追求心が非常に強く情報収集が好きな人です。さらに超芸術家タイプの天才肌です。才能を開花させたら、世界に羽ばたくくらいの才能を持っています。とくに色の感覚がたけているので、今のうちからいろんなものを見といたほうがいいですね。ただ、熱しやすく冷めやすい人なので、中身はずーっと子ども。マインドは小6から全然成長していないですね。子どもを隠そうとして大人ぶっている人なので、やや態度が偉そうに見えてしまったり、おそらく家の中は、ガラクタとかムダなものであふれているのではないでしょうか。

> 超芸術家タイプの天才肌！
> ただし、将来、
> **密輸犯になる可能性もあり!!**

仕事運

　2016年の夏から運気が一気に跳ねて、**来年はもっと上昇傾向にありますね**。ただ、2017年の今ごろにはこの世界にちょっと飽きちゃってる可能性があるので、3、4年後の将来をしっかり見すえて、どうなりたいか考えながら行動したほうがいいでしょう。もともと美人の星も持っているので、モデル関係でも成功しますが、感性が豊かで、空想や妄想などが得意なので、**ものを描いたりデザインなどするファッションやプロデュース業にも向いています**。また、意外にも物事を分析する哲学者のような星もあるので、音楽に挑戦してみたり、本を書いたり、みちょぱ格言などポエムのようにまとめてみると、さらに才能の可能性が広がるでしょう。

恋愛運

　2016年から**大きなモテ期が到来！**　数年は男をとっかえひっかえできますよ。でも、みちょぱサンは美意識が高い人なので、ダサイ男が大嫌い。あと、とにかくバカが嫌いなので、尊敬できる人や頭がいい人を見つけるといいですね。ただ、変な男にも引っかかりやすいので気をつけてください。また、つき合い出すと、イチャイチャするのは好きだけど束縛が嫌いという矛盾がある人なので、なかなか長続きしにくいタイプですね。Hは、ナメるのがうまいですね。ほかの男と比べるクセもあります。口ではSですが、実は攻められると弱いMなところもあります。結婚については、6歳以上年上のバツイチ男性と結婚する可能性があります。**さらに32歳までに結婚しないと、離婚率が高くなるので注意しましょう！**

将来運

　2016年から2020年にかけて運気が一気に上がります。芸能関係はもちろん、**お金になるビジネスが成功しやすく、芸術かたぎのほかに商売っ気もある人なので、金儲けがめっちゃ好きになりますね**。ただ、この流れにのって27歳くらいになると、「結婚？or仕事？」の選択を迫られることもあるかもしれません。その先は、53歳から57歳の間で破産の暗示が出てます。この期間は家や土地を買うとか、大きな契約するのは危険。その時期をうまくきり抜けるとようやく、62歳から81歳までで人生最大のブレークが待ってますよ!!　ただ、最後に大事な忠告です！　すべての人生において、〝男〟と〝お酒〟と〝もうけ話〟には超要注意です。ヘタしたらこの3つにはリアルに引っかかって、将来〝密輸犯〟になり下がってしまうなんてことも……。とにかく最高の人生を台無しにしないよう気をつけましょう！

まとめ

★ 基本、上から目線！
★ 超芸術家タイプの天才肌！
★ 生まれつきの美人の星！
★ 熱しやすく冷めやすい！
★ 〝男〟と〝お酒〟と〝もうけ話〟が人生最大の敵！
★ 将来金もうけが好きになる！
★ 家の中はガラクタだらけ！
★ イチャイチャ好きだが、束縛嫌い！
★ 年上のバツイチと結婚の可能性大!?
★ 心が小6から成長なし！

> 性格とか部屋が汚いとか、めっちゃ当たってて鳥肌立った！　でも、ウチにそんなに仕事の才能あったなんて驚き!!　変な話や酒に引っかかんなきゃ、将来、**大金持ちになれんでしょ!!**　ヤッター!!

最後まで読んでくれて
　　　　ありがとぉっっ♡

とくにうちは コレってもんが なくて
ただ、好きなコトだけやって
そしたら ここまできてて。。。
この本も ふつーのコトしかかいてないし
参考にならないと思うけど
ここまで これたのも
応援してくれる みんなのおかげ。
これからも 変わらず
自分らしく つっぱしって行くから
みんな ついてこいよーーーっっっ!!!
いつも ありがとう。らぶ。

　　　　　　　　みちょぱ。

協力店リスト

R&E	☎03・3477・5016
ENVYM	☎03・6820・7910
エクスパンド	http://www.expand-japan.com
新進社	☎06・6754・2512
bikenko cosme	☎050・3171・7982
CONOMi原宿店	☎03・6273・0225
GYDA渋谷109店	☎03・3477・5166
DURAS	☎03・5772・6316
BACKS	☎03・3793・7800
バロックジャパンリミテッド(rienda)	☎03・6730・9191
LIP SERVICE	☎03・6433・5785
リゼクシー渋谷109店	http://runway-webstore.com/resexxy ☎03・3477・5098

プリ機「Barbie Your Doll」問い合わせ先　メイクソフトウェア makesoft_pr@makesoft.co.jp
※本書に掲載している情報は2016年5月時点のものです。掲載されている情報は変更になる可能性があります。

撮影協力

作戦会議
THE DECK COFFEE & PIE
東京都北区立神谷中学校
リビエラ 逗子マリーナ

STAFF

デザイン	古川敦子、足立菜央（ATOM STUDIO）
撮影	土屋崇治[カバー、P.2〜9、P.18〜19、P.27〜31、P.48〜49、P.76〜81、P.96〜97、P.119〜123]
	小川健(will creative)[P.13、P.20〜25、P.32〜47、P.50〜75、P.82〜85、P.88〜95、P.98〜115]
	楠本隆貴(will creative)[P.124〜125]
	清水道広(f-me)[P.86〜87、P.90〜91]
スタイリング	四本優子
ヘアメイク	YUZUKO
マネージャー	宮原悟郎、原彩夏
編集・原稿	堀美香子、多部千春

MICHOPA MANIA みちょぱまにあ

2016年5月28日　第一刷発行

著者　池田美優
発行者　角川春樹
発行所　株式会社　角川春樹事務所
〒102-0074
東京都千代田区九段南2の1の30　イタリア文化会館ビル
電話　03・3263・7772（編集）　03・3263・5881（営業）
印刷・製本　凸版印刷株式会社

本書を無断で複写複製することは、法律で認められた場合を除き、著作権の侵害になります。万一、落丁乱丁のある場合は送料負担でお取り替えいたします。小社宛にお送りください。定価はカバーに表示してあります。

ISBN978-4-7584-1285-8　C0076
©2016Miyuu Ikeda Printed in Japan Kadokawa Haruki Corporation
本書に関するご意見、ご感想をメールにてお寄せいただく場合はmook＠kadokawaharuki.co.jpまで。